超直白心理學

顛覆你對人心的想像

顏志龍 著

第三篇　解答人生困惑

第四篇　連結人我之間

第五篇 品味生活趣味

序：你也能輕鬆讀懂人心

這篇序寫的是本書的前傳——它為什麼會出現。如果你喜歡這本書，也可以去造訪它的故鄉——與本書同名的 Podcast 節目「超直白心理學」。那裡有更多有趣的內容。

「超直白心理學」的誕生和我對心理學的反思有關，因此我先簡單交代我成為心理學家的過程。我從小就想當博士。可能是因為小時候有個卡通「科學小飛俠」，裡面有位南宮博士。每當科學小飛俠遇到困境時總是呼喊著：「博士、博士」，然後問題就迎刃而解了。所以在我幼小的心靈裡埋下了「博士」很了不起的種子。從此人生就以成為博士為目標。

十五歲時因為家中不算富裕，所以我去就讀中正預校，那是培育未來軍官的高中，我在那裡度過了一段允文允武的充實高中歲月，並持續懷抱著成為博士的夢想。儘管如此，我並不知道自己想成為什麼樣的博士。畢業後我「被分發」到軍官學校的心理系——是被分發而不是自己的選擇；當時軍校學生並沒有太多的自主選擇權，於是我因緣際會地走上了心理學這條路。是命運把我推向了心理學。我一邊在部隊過著戎馬倥傯的生活，一邊自修讀書，最後一路念了碩士、博士，最終成為教授。

以上是簡單交代我這個作者的經歷，接下來就要談到和本書有關的部分了。我一路上讀書、做研究，都沒有遇過太多困難，事實上如果以學術界的標準來看，我算是表現得還不錯。但是在學術界待得越久，我越感覺到不對勁。我從小嚮往成為南宮博士，是因為南宮博士真的解決了很多問題，他幫助科學小飛俠打敗了惡魔黨、維護了世界和平。那麼，心理學博士們幫助了誰？他們對這世界的影響是什麼？

關於這個問題，要知道一個學科厲不厲害，你只要想想，你一天的生活和它有多少關係就可以知道了。早上起床你要刷牙、必須擠出牙膏，那是化學；煮杯咖啡、使用微波爐熱早餐，那是物理學；上了捷運打開手機看一下股票行情，那是經濟學……然後，你想想，一天之中，你的生活有幾件事和心理學有關？

你可能會發現，除了滑手機時偶爾會看到「這種人特別容易記恨」、「如何走出失戀低潮？心理師這樣說」這些類似八卦的文章外，你一天之中切身與心理學有連結的部分似乎很少。心理學作為一個以人為中心的學科，卻對人們的日常生活影響很少，想來非常不可思議。

知識如果是可靠的，最終總會和現實連結在一起。愛因斯坦的相對論發現了重力越大、時間越慢這個神奇的現象；如果有一個太空人，生活在人造衛星上，他每天的時間會比你快三十八微秒——這不是在說你們對時間的感覺不同，而是真真切切的你們兩個人的二十四小時長度不同。這讓人很難想像，但卻是事實——因為重力不同，兩個人的二十四小時長度是不一樣的。[1]

一天差三十八微秒（一微秒等於百萬分之一秒）這麼細微的差異，人們活了一輩子也不會發現，然而這個看來微不足道的差異，對於我們日常使用的衛星導航卻至關重要。由於衛星上的重力和地球不同，所以我們必須對衛星上的時間做校正，使它和地面上的時間同步，否則衛星導航可能會引導我們去撞山落海。

當一個學科的知識可靠時，即使像相對論如此抽象而看似和我們的生活沒有直接關係的理論，最終也會對現實產生影響。而和人類息息相關的心理學，卻反而在人們的日常生活中存在感那麼低，最主要的原因就是心理學所生產出來的知識不太可靠。這並非三言兩語能道盡，我將在本書的第一章中盡力去描述這件事，讀了那一章後你可能會發現心理學和你的想像有很大的落差。

我在心理學大約浸泡了二十幾年的時間，才有足夠的智慧去認清「心理學的知識不太可靠」這件事。這對一個大半輩子都在從事心理學研究的人來說，其實是很挫折（甚至可以說是很灰暗）的事。但是這也是一件深刻而值得和多數人分享的事。「真正深刻的事情就應該要活潑爽朗地傳達。」[2] 於是在機緣巧合之下，

1 相對論真的非常不可思議，有興趣的聽眾可以收聽「超直白心理學」的第二十、七十七、七十八集，用非常簡單的方式讓你理解神奇的相對論。

2 伊坂幸太郎（2010）。重力小丑（張智淵譯）。獨步文化。

一個活潑爽朗卻又深刻傳達心理學的節目「超直白心理學」就誕生了。這本書就是這個節目的結晶。

本書的完成，首先要感謝「聲動創意」的莫經理，是他催生並共同製作了「超直白心理學」這個Podcast，使它成為超過萬人收聽的熱門節目。而活潑美麗的助理主持人小白（這本書的副標也是來自於她的發想）、才華洋溢並提供優質剪輯後製的歷漢、為節目默默付出的郁婷，是因為你們才讓這節目受人喜愛。沒有你們就沒有這本書。

我太太舒禾是我每次完稿後的第一個讀者，她給了我很多意見，使得這本書更好。而在本書數度出現的可愛小狗舒姬，總是在我工作疲憊時療癒了我，讓我有滿滿的元氣可以寫作；她是上天租借給我的天使，希望租期越長越好。

我也非常感謝遠流出版的周明怡主編邀請我寫這本書。我非常榮幸能和金庸先生在同一個出版社。

「當小丑在空中鞦韆上翻飛之際，大家都忘記了重力的存在。」[3] 儘管我最後沒有像南宮博士一樣拯救世界，但至少希望能像在空中飛舞的表演者一樣，讓大家可以感受不到重力，輕鬆愉快地認識真正的心理學。而如同相對論所說的，重力越小、時間越快；我也希望讀者在無重力地閱讀這本書的時候，能夠感到時間飛逝：「怎麼一下子就把這本書讀完了？這本書真好看！」[4]

顏志龍 二〇二三年夏

3 同前註。

4 這邊硬套相對論其實是牛頭不對馬嘴啦。這邊講的是希望書好看到讓你「感覺」時間過得好快；而相對論說的是你的時間「真的」相對於另一個人變短了。

第一篇

揭開心理面紗

01 心理學家vs福爾摩斯

「你不是人類吧？」

被老婆婆這麼一說，我不禁「喔」地發出佩服之聲。當然，到目前為止還是有幾個人識破我「非人類」的身分。不過，薑不愧是老的辣，這還是頭一遭有人如此篤定，甚至確切指出我的身分：「你是死神吧？」[5]

上面是小說《死神的精確度》其中一篇故事的開場；故事中的老婆婆是個美髮師，她在幫死神剪頭髮時識破了死神的身分。

其實類似這樣的故事，本書作者也曾經歷過。有幾次剪頭髮，當美髮師發現我是心理學家時，她們雖然不至於像老婆婆一樣說出：「你不是人類吧？」這樣的台詞，但我會發現她們的表情以及對待我的方式，變得和之前有些不一樣；心

5 伊坂幸太郎（2014）。死神的精確度（葉帆譯）。獨步文化。

中或許正驚嘆著：「這個帥哥不是普通人（誤）。」就像你之所以買下了這本書，我猜有很大一部分原因，也是被「心理學」這三個字所吸引。

心理學家能識破人心嗎？

「心理學家能閱讀他人的思維，同時能通過其能力控制他人的思維、操縱他人的行動。」

你覺得這段描述符合你對心理學家的想像嗎？如果覺得有些符合，那麼請再看看維基百科中的這段描述：

「X教授是整個漫威宇宙中最強大的心靈能力者。他無需通過身體接觸便『能閱讀他人的思維和記憶，同時他能通過其能力剝奪並控制他人的思維、操縱他人的行動。』」

上面關於心理學家和X教授能力的描述，有大約八〇％是一樣的。也就是說，如果心理學家有辦法知道別人的心裡在想什麼、可以操弄別人的行為，那麼他們可以去應徵X戰警，而且應該可以當上X戰警的副主席。因為他們所擁有的能力非常接近X教授，而X教授可是金鋼狼、火鳳凰等變種人的老大。

神探真的那麼神？

《福爾摩斯》裡面有段故事非常能夠說明一般人對心理學家的想像。福爾摩斯的好友華生拿了一支懷錶，要福爾摩斯推斷懷錶主人的性格和習慣，故意要讓福爾摩斯難堪。

沒想到福爾摩斯看了看，然後說：「從懷錶的外觀看起來，這支錶差不多是五十年前製造的，說明這支錶是上一代留下來的。錶的背面刻了WH兩個英文字母，W代表你華生的姓；而按照慣例，懷錶這類東西大多傳給長子，因此懷錶之前的主人應該是你的哥哥。如今錶在你手上，表示你哥哥已經不在了。懷錶上有個鑰匙孔，而且鑰匙孔旁有很多傷痕，這應該是被鑰匙摩擦而造成的。清醒的人插鑰匙不會造成這麼多摩擦，表示手錶主人常處於酒醉的狀態。」

就這樣，福爾摩斯只憑一支懷錶，推論出它之前的主人是華生的哥哥，而且華生的哥哥應該是酗酒而死。

看了以上的故事，你相信這世界上有這麼厲害的神探嗎？還是你會覺得實在有點太過厲害，這只是小說情節看看就好？如果你仔細回想，就會發現，很多人心中想像的心理學家，就像故事中的福爾摩斯，以為心理學家可以從一些細微的觀察線索中，去推斷出人們內心的想法。

但是，如果你覺得上面福爾摩斯的故事有些誇張，那只是小說不能太當真；那麼，你應該也能理解，人們對心理學家的想像也有些太過神化了。那些我們以為能識破人心的心理學家，只是電影裡為了增添故事精采度，而創造出的虛構角色。現實中的心理學家在「識破人心」這件事上，沒有比一般人厲害。

心理學談的是平均值

心理學家之所以無法識破人心，是因為心理學是一個只能談「平均值」的學科。例如，你看到報導寫著一個心理學研究：「愛狗的人比愛貓的人更好相處。」[6]你會怎麼想？你可能覺得原來如此，原來愛狗的人比較友善啊。但是這個想法可能不正確。

為什麼呢？首先，這個報導省略了很重要的四個字：「平均來說」。真正完整的陳述應該是「平均來說，愛狗的人比愛貓的人更好相處。」每一個心理學研究都必須加上「平均來說」這四個字——這並不誇張，的確是「每一個」心理學研究都必須加上「平均來說」這四個字。因為心理學就是一個只能講平均值的學科。

6 Gosling, S. D., Sandy, C. J., & Potter, J. (2010). Personalities of self-identified “dog people” and “cat people”. *Anthrozoös*, 23(3), 213-222.

你可能覺得，好吧，加上「平均來說」又怎樣？有那麼嚴重嗎？平均值的問題在於，你沒辦法把它用在任何一個單一的人身上。就算你鄰居家裡養了一隻狗，你也沒辦法根據「平均來說，愛狗的人比愛貓的人更好相處」，去猜出你的鄰居好不好相處。

心理學跟物理學這類的自然科學不一樣。一個好的自然科學理論，可以用在任何個別的物體上；不管是蘋果、芭樂或椰子掉下來，牛頓都可以用他的理論，精確地預測每一樣東西落地的時間。但心理學做不到這樣精準的預測，它最多只能說出某件事情的平均值，而你很難用平均值去「識破人心」。

這就像即使你知道台灣成人男性的平均身高是一百七十公分，現在我要你猜我的身高，你會發現你沒辦法根據一百七十這個平均值猜出我的身高。

當我們以為心理學家可以閱讀他人的思維、操控他人的行動時，其實是想像心理學家可以看出單一個別的人的狀況，但這實在是太高估心理學家了。心理學理論只能知道平均狀況，沒辦法知道任何單一個人的狀況。

所以X教授和心理學家完全是不同的級別，X教授不是把平均值套在人身上，而是可以精確地看透每個個別的人。這件事恐怕再經過數百年，心理學家也未必做得到。

平均值有用嗎？

當然，平均值也不是完全沒用處。像前面的例子，既然有研究說「愛狗的人比愛貓的人更好相處」，而你知道某個人家裡養了狗，那麼要猜他這個人好不好相處，猜「好相處」命中的機率應該會高一些。這也是心理學的價值所在，它有時能幫我們推斷出一種可能的行為傾向。

不過，這邊就有一個問題，心理學理論能猜得有多準？說實話，準確度應該比你想像的低。

以前面福爾摩斯的例子來說。福爾摩斯說：「懷錶差不多是五十年前製造的」，所以他猜這支錶是上一代留下來的。但是不一定吧，錶可能是在骨董店買的啊。「懷錶上的鑰匙孔旁有很多傷痕，清醒的人插鑰匙不會造成這麼多摩擦，這表示手錶主人常處於酒醉的狀態。」這也不一定吧，有可能是鑰匙設計不良，常常插不進去，也有可能錶的主人有某種病所以手會抖。

類似這樣，福爾摩斯說的每個結果，都可能有別的原因，並不像小說講得那麼簡單。心理學理論也是如此。一個人好不好相處，受到很多事情的影響；用他愛狗或愛貓來猜他的性格，可能會猜錯。

心理學有多靈驗？

而且，用心理學研究來做猜測時，正確率可能比你想像中的低。如果你買了一張彩券，拿去某個大家都說很靈驗的廟拜拜，請神明保佑你中獎。請問，這個神明要能夠增加多少中獎率，你才會覺得這神明是靈驗的？要百分之百保證你中獎可能太強神明所難了，那麼如果祂能增加你九〇％中獎率可以接受嗎？八〇％呢？就算神明不能保證你一定中獎，你應該也期望祂對中獎的幫助不能太低。

現在請你想像：如果有間廟的神明只能增加你三五％的中獎率，你會覺得這神明是靈驗的嗎？還是會覺得廟公根本就是在騙錢斂財？我之所以舉這個例子，是因為增加三五％的猜中機率，大約就是一個很厲害的心理學理論所能做到的了。

以前面的例子來說，如果有個心理學理論，它在你猜一個人好不好相處時，能夠幫你提升三五％的猜中率，這個理論在心理學裡就可以說是很厲害了。事實上在心理學中要達到這種程度的理論非常少，一般能提升二五％、甚至一〇％命中率的理論，心理學家們就覺得不錯了。也就是，別說是一間讓你有求必應的廟，只要能提升二五％、甚至一〇％中獎率，心理學家就會覺得這間廟算是有拜有保佑了。[7]

如果以前面的例子來說，當你想要用一個人愛狗或愛貓，來猜這個人好不好相處時，心理學研究大概可以幫你增加一六%的猜中率。[8] 現在你知道只能增加一六%的猜中率了，你再讀到「愛狗的人比愛貓的人更好相處」這樣的報導時，感覺是不是有些不一樣了？心理學研究的厲害程度，是不是和你原本想的有些落差？

因此，雖然心理學可以幫助我們做一些猜測，但是這些猜測的準確度可能和一般人的想像差得很遠。當你看到「愛狗的人比愛貓的人更好相處」、「打罵會讓小孩長大後變得憂鬱」、「脾氣不好的主管影響員工的士氣」這一類的報導時，這些效果通常比你想中的低很多。如果你要用打罵來預測小孩是否憂鬱，或是用主管脾氣來猜員工士氣如何，就算是一個很厲害的心理學理論，也只能幫我們增加大約三五%的猜中率。

心理學就是這樣一個準確度不算是很好的科學，這有很多原因，無法在此詳細說明。總之，心理學在它的科學性上，遠遠不如物理學、化學那種硬科學，因此心理學研究的成果和實用性，也完全無法和這些硬科學相提並論。

心理學研究值信賴嗎？

最後，心理學還有一個硬傷，就是它的研究結果很不穩定。以自然科學的例子來說，當牛頓用他的理論來預測蘋果掉下來的時間時，不管是牛頓來丟蘋果、牛頓的老婆來丟、你來丟、我來丟、任何一個人來丟，結果應該都和牛頓的預測一樣。對一門科學來說，每次做都要得到相同結果，是一個很基本的要求。就像小時候我們在做化學實驗，老師說：「在試管放這個、燒杯放那個，兩個倒在一起，就會變成紅色了。」除非同學亂做，否則誰來做結果應該都一樣。

---

7 心理學家一般認為相關為 0.1 是小效果、0.24 是中效果、0.37 是大效果。在此為便於讀者理解，避免太複雜的數字，取 0.1、0.25、0.35。至於增加百分比的計算，見：Rosenthal, R., & Rubin, D. B. (1982). A simple, general purpose display of magnitude of experimental effect. *Journal of Educational Psychology,* 74(2), 166-169.

8 Gosling, S. D., Sandy, C. J., & Potter, J. (2010). Personalities of self-identified “dog people” and “cat people”. *Anthrozoös*, 23(3), 213-222.

現在我們來想像，我們重新找了一群愛狗和愛貓的人，調查他們好不好相處。做完這個研究之後，你覺得我們仍然會發現愛狗的人比愛貓的人好相處嗎？我們會得到和之前研究相同的結果嗎？如果心理學的知識是可靠的，我們會期望重做一次得到的研究結果，要和之前那一次一樣。但是心理學在研究結果穩定性上的表現一直都不是太好。

有一群心理學家，重做了一百個心理學的研究，結果發現只有三十六個可以做出和之前一樣的結果——只有三六%的成功率[9]，以一門科學來說真的非常低。這就像有一個人說了一百句話，只有三十六句是真話，有六十四句可能不是真話；你願意相信這個人嗎？你願意依照他給你的建議去做事情嗎？當心理學研究結果的穩定性很不理想，也就表示我們在解讀很多心理學的研究成果時，不能一味地相信；而且也不適合過於把心理學研究給予的建議，當作行為的準則。

希望這本書是不能退的

寫到這邊，我有些擔心你會把這本書拿去退錢，希望這本書是不能退的。總之，這第一章的內容，其實也就是本書的精神。我想盡可能客觀地陳述一些心理學知識，但也考慮到這樣你可能會讀得很無趣，所以我也兼顧心理學的有趣性。我希望在客觀和有趣之間保持平衡，並且偏向客觀多一些。

總之，心理學不像你想的那麼神奇：(1)它只能陳述平均值；(2)它的精確度比一般人想像的低；(3)而且很多心理學研究重做一次，未必會得到同樣的結果。如果以本章一直舉的例子：「愛狗的人比愛貓的人更好相處」來說，當你讀到這樣的研究時，你應該要知道：(1)這只是平均如此，並不是每個人都如此；(2)愛狗或愛貓和一個人個性的關係，沒有你想像中的大；(3)把這個研究重做一次，也未必

9 Open Science Collaboration. (2015). Estimating the reproducibility of psychological science. *Science*, 349(6251), aac4716.。

能得到同樣的結論。

帶著這些想法來閱讀這本書，你會有更正確的理解。但是，如果你不想要人生這麼累，那就把這本書當故事書，輕輕鬆鬆讀吧。只要你不把書拿去退錢，一切都好說（笑）。

02 心理醫生vs地獄三頭犬

如果你上網搜尋這世上的各種神話或傳說生物，你會發現人類的想像力似乎很豐富，我們能夠想像出各種珍奇異獸，像是龍、鳳、麒麟、日本的河童，或是希臘神話中各式各樣神奇的生物。但是另一方面這種想像力好像也有範圍，因為這些神話中的生物似乎侷限於幾種公式——他們大約可以分成幾個類型。

第一種是尺寸比較大；像是《聖經》中與大衛戰鬥的歌利亞巨人，或是電影中身軀龐大的哥吉拉。第二種是某個器官比較多；像是有名的地獄三頭犬、九頭蛇，希臘神話中甚至有隻一百頭的龍（這隻龍一定很難畫）。第三種則最常見，就是把不同動物組合起來，像是上半身是人下半身是馬的人馬、半蛇半魚的海妖、牛頭人身的怪物，甚至迪士尼的人魚公主等，都是把不同生物的特性組合起來，形成一種新的生物。

人類在想像神話生物時，會把一些不同元素組合起來，並且賦予這樣的生物一些神奇的力量。這種思考模式有時也會發生在日常生活中。「心理醫生」，就是一種想像下的組合。沒錯，心理醫生就像人魚、河童、麒麟一樣，是不存在的，只是人們的想像。

心理醫生只是一種想像

通常人們對心理醫生的瞭解，是來自於電影，而電影中心理醫生的日常差不多如下：當病人來求助時，心理醫生會和病人坐下來談話，從談話中點出連病人自己都沒有察覺到的內心深處的想法。有時他會讓病人躺在一張舒服的躺椅上，然後用催眠引導他進入意識的深處，挖掘出一些深層的祕密。有時他會拿出一些看起來很厲害的工具，如一張張充滿墨漬的圖片，然後問病人這些圖片帶給他什麼樣的聯想。如果有必要他也會開處方箋給病人，緩解病人失眠或焦慮的痛苦。

上面這些描述，應該和你心中的心理醫生相去不遠吧。但是，世界上沒有這種人。不會有一種職業，可以厲害地和病人晤談，又能熟練地操作心理測驗，還能夠開藥給病人吃。

上面的那些描述，其實是把三種職業——諮商心理師、臨床心理師，以及精神科醫生——混合在一起，就像我們把鳥的喙、青蛙的四肢、猴子的身體合併在一起，形成一種新的動物——河童。但是，鳥是存在的、青蛙是存在的、猴子是存在的，而河童不存在。

如果你遇到一個「心理醫生」，他有可能是諮商心理師，也可能是臨床心理師，或是精神科醫生，但是他只會是這三種中的其中一種，不會是「三合一的心理醫生」；他可能是鳥、青蛙或猴子，但不可能是河童。

如果你在 Google 翻譯用中文輸入「心理醫生」這個詞，會發現 Google 給你的英文是 psychologist（心理學家），它不會跳出什麼 psychological doctor 這樣的詞。這是因為並沒有「心理醫生」這種職業，所以當你輸入這四個中文字時，Google 不太知道你在說什麼，於是只好把它廣泛地翻譯成「心理學家」。[10]

統一叫他們漫威英雄

當然，某種程度你可能會覺得，管它是諮商心理師、臨床心理師或精神科醫生，你統一都叫他們心理醫生，這樣比較單純。但是，這就像你懶得區分鋼鐵人、美國隊長和雷神索爾一樣，你統一叫他們漫威英雄。如果你跟人家說要去看電影，對方問：「什麼電影？」你說：「漫威英雄電影。」「是哪個漫威英雄的電影？」「有差嗎，反正就是漫威英雄，分那麼多幹嘛？」這好像不太對。這三個漫威英雄，平時和普通人沒兩樣，但是穿上戰袍後的超能力可是各不相同。諮商心理師、臨床心理師和精神科醫生也是一樣。

首先我們來想幾個一般人常有的問題（可以複選喔）：

1. 誰可以開藥？ □諮商心理師 □臨床心理師 □精神科醫生
2. 誰最常用心理測驗？ □諮商心理師 □臨床心理師 □精神科醫生

3. 誰最常和服務對象晤談？ □諮商心理師 □臨床心理師 □精神科醫生
4. 哪一種證照是大學畢業後就可以考的？ □諮商心理師 □臨床心理師 □精神科醫生
5. 誰受過正式的催眠訓練？ □諮商心理師 □臨床心理師 □精神科醫生

這些問題你能回答出來嗎？你有多少把握自己的理解是正確的？這時候你恐怕會覺得，要清楚地區分這三種職業好像不是那麼容易；比要分出鋼鐵人、美國隊長和雷神索爾還要難。

[10] 電影中，有時在對話中會出現 shrink 這個詞，字幕會把它翻譯作「心理醫生」。如果你去看 Google 翻譯對 shrink 這個詞的解釋是：a clinical psychologist, psychiatrist, or psychotherapist。所以 shrink 其實是對「三種」和心理治療有關的職業的泛稱，但不是「心理醫生」的意思。

英雄的故鄉不同

這三種職業很容易搞混，但其實有一些明顯的差別。

首先，這三種職業在訓練上不同。諮商心理師和臨床心理師，都有「心理」兩個字，所以顧名思義是從心理學相關的科系訓練出來的；精神科醫生，他們和你所熟知的醫生一樣，是醫學系訓練出來的。所以這三種人的訓練系統不同。你可想像成鋼鐵人和美國隊長的故鄉是地球，而雷神索爾的故鄉是阿斯嘉。

在證照上，他們分別有「諮商心理師」、「臨床心理師」和精神科「醫生」的證照，這三種證照中，只有「醫生」證照可以開藥。所以諮商心理師和臨床心理師都不能開藥，這三種職業中只有精神科醫生可以開藥。就像是鋼鐵人和美國隊長雖然也蠻厲害的，但是只有雷神索爾能使用雷神之槌。

表 2-1 三種心理工作人員的差異

	諮商心理師	臨床心理師	精神科醫生
訓練系統	心理學	心理學	醫學
專長	晤談	心理衡鑑（測驗）	醫學、用藥

他們的超能力不同

此外，這三種職業的專長也不太一樣。諮商心理師的專長是「晤談」，就是和服務的對象談話，藉此來協助人們解決困擾。臨床心理師的專長是「衡鑑」，你可以把「衡鑑」這個專有名詞想成是心理測驗的意思；因此臨床心理師主要是使用心理測驗去評估人們的心理狀況。而精神科醫生的專長，是對一個人的精神狀態作診斷和用藥，他們主要用藥物來協助人們改善狀況。

講到這邊，你應該就能理解，為什麼前面說「心理醫生」是一種像神話動物一般的組合體。這世界上並沒有一種職業，可以厲害地做晤談（諮商心理師），又能熟練地操作心理測驗（臨床心理師），還能夠開藥給病人吃（精神科醫生）。

表 2-1 簡單整理出這三種職業的主要差別。儘管三者有所差異，但也不要想成三種人完全不重疊。精神科醫生多少也懂一些晤談技巧和心理測驗；諮商心理師多少也懂一些心理測驗和醫藥知識；臨床心理師也學過一些晤談技巧和醫藥知識。他們的關係比較像是各自有其本家的武功，他們對本家的武功練得很專精，但對別人家的武功也算略懂。

催眠很厲害嗎？

那麼這三種人，誰受過正式的催眠訓練呢？答案是都沒有，因為這世界上沒有正式的催眠訓練。一般人會認為催眠是心理學中很重要的技巧，所以「心理醫生」應該都學過催眠。但是其實在心理學訓練中，完全不會教催眠。在大學中幾乎沒有任何一個心理系會開催眠課程，就像我們不會開「水晶球占卜」和「塔羅牌」課程一樣。

這有一些歷史因素，其實催眠曾經是心理學的老祖宗們很倚重的一種方法，但是後來心理學渴望成為一門科學之後，不喜歡太過神祕的東西，於是催眠就被打進冷宮，排除在正式的心理學訓練之外了。

不過還是有些心理師或精神科醫生，甚至是素人去學了催眠。但是，既然大學的心理系已經不提供催眠訓練了，那他們是跟誰學的？現在提供催眠課程的都是一些私人機構，而由於這些機構都是要營利賺錢的，所以在訓練品質的控管上可能就未必很嚴格。

那麼，要具備什麼樣的資格才能學催眠呢？只要付得起學費幾乎誰都可以學。講師有什麼官方證照資格嗎？不太可能有，因為大學的心理學系已經不提供催眠訓練了，這世界上也就不存在官方證照，很多講師的證照可能是他們機構自己培訓、自己發的證照。而要訓練多久才能學會呢？只要幾週就可以結業拿到證書了。

所以，當有人拿出他的心理師或醫生證照時，這些證照因為有政府在監督，不能亂發，所以你可以相信這些證照。但是那些燙著金箔、寫著英文的催眠師證照則並非如此，如果你理解目前催眠技術的訓練狀況，就會知道要取得這些證照可能並不難。

講講話要多少錢

另外，諮商心理師、臨床心理師和精神科醫生這三種職業中，大家比較容易誤解的可能是諮商心理師。臨床心理師會使用心理測驗、精神科醫生會開藥，聽起來好像都有一些一般人不會的技能；而諮商心理師的「晤談」就是講話，講話大家都會，他們的晤談到底和一般人有什麼不同？

這邊我用一個類比來說明。你知道想和股神巴菲特吃個午餐得花多少錢嗎？二〇二二年的時候，巴菲特午餐經過五天、四十三輪的出價拍賣，最後結標的金額是一千九百萬美元。你應該會覺得，不過就是吃個午餐、講講話，有這個價值嗎？這價錢實在太誇張。但是諮商心理師的晤談也大概是這個意思。

諮商心理師的晤談，不只是一般的講話，而是一種專業且帶有治療效果的談話。也因此訓練一個諮商心理師「講講話」所需要花費的時間，應該超出了你的想像。

精神科醫生是讀醫學系出來的，在台灣醫學系要讀六年。而諮商心理師和臨床心理師，大學畢業後要再念至少三年的研究所，才可以考。也就是說，要成為諮商心理師或臨床心理師所需要花費的時間，比醫生還久，這你沒想到吧？

我們覺得看醫生很便宜、很划算，其實是因為台灣有很厲害的健保制度；我們覺得找心理師很貴，是因為沒有健保制度幫我們付錢。不然，把健保制度拿掉，看你敢不敢去看醫生（笑）。總之，心理師固然不是巴菲特，但是他們的晤談，也不只是一般人的「講講話」而已。

救得了地球，救得了自己嗎？

關於「心理醫生」還有一個迷思。有些人覺得學心理學、成為心理師，可以療癒自己。來就讀心理系的學生當中，有一部分人是帶著「我想療癒自己」的目的來的。而這其實有些誤解。

芝加哥大學經濟系的牆上，曾經貼過一張紙：「學習經濟學沒有辦法保證你不失業，但是，當你有一天站在領失業救濟金的隊伍裡時，你學的經濟學能夠讓你知道，你為什麼會在那裡。」[11] 沒錯，學經濟學不一定保證會賺錢，就像當醫生無法保證不會得癌症。成為心理師或精神科醫生，不表示你可以活得比較健康。

雖然我是心理學博士，但我覺得我在心理上沒有比一般人更健康，我的生活也是充滿了喜怒哀樂、愛恨情仇，當這本書賣不好的時候我也是會傷心的（請多推薦了）。而我認識的心理學家不少，我也覺得他們未必活得比一般人好。我們就像是學了經濟學而沒有發大財的人，或是當了醫生卻身體未必健康的人一樣；這一點都不奇怪。

學心理學能夠讓一個人更瞭解自己，所以他會比一般人更知道，自己今天為什麼這樣；但是這並不能治癒一個人。如果我們把心理困擾想成是一種病，當一個人生病了，他應該趕快去看醫生，還是花六、七年讓自己成為醫生？答案應該是要去看醫生，而不是讓自己成為醫生。

為了療癒自己而踏上成為心理師的道路，就像要去日本，明明直飛就到了，但卻偏偏要先飛到美國再轉機到日本，繞了一段非常遠的路。要療癒自己的心應該直接找專業的諮商心理師、臨床心理師或精神科醫生的協助（直飛）；成為心理師（繞路）並不是療癒自己的好方法。

11 何帆（2017）。在凱因斯的左邊，在馬克思的右邊：一個雜食經濟學家的讀書與思考筆記。大寫出版。

你要小心自稱是心理醫生的人

總之，這一章想告訴你，並不存在所謂的「心理醫生」。只是「心理醫生」這個詞真的有夠華麗，它結合了「心理」和「醫生」；融合了「心理學」吸引人的神祕感，和「醫生」崇高的社會地位。也難怪大家喜歡「心理醫生」這四個字，並且對這個不存在的職業不斷流傳。每年也有不少莘莘學子，因為這個華麗的頭銜來到心理系。

仔細想想，一個能看穿人心、預言命運、又能治病的人，你會不會覺得有點熟悉？那就是原始部落裡的巫醫啊。

巫醫拿著某種骨頭占卜、口中念念有詞、調出奇怪的藥水治病，你會相信他嗎？讀完本章，以後如果有一個人自我介紹時，自稱他是心理醫生，那麼你對這個人一定要小心。

03 心理測驗vs射日的箭

多數人應該都聽過后羿射日的故事，其實泰雅族也有個關於射日的傳說，而且相當悲壯。

古時候有兩顆太陽，一顆落下、另一顆就升起，這世界沒有黑夜，永遠是白晝。人們苦於無盡的烈日，決定要射下其中一顆太陽。五位勇士出發了，但是太陽實在太遙遠，幾過數十年仍然無法到達，於是其中兩位勇士返回部落報告。部落再派遣數名勇士，各自揹著一個幼兒出發，沿途趕路、耕種糧食，幾經生死，最後終於有三個人到達了目的地；這三人都是當年的幼兒長大成人。他們合力射中了其中一顆太陽，太陽崩裂，只剩下微弱的光芒，成為現在的月亮。從此日出為晝、月升為夜，人類盼來了夜晚的安歇。[12]

12 周婉窈、許書寧（2014）。少年台灣史。玉山社。

這故事是不是像極了運動會中的接力賽跑，只是那是一場歷經兩個世代的接力賽。太陽距離我們實在太遙遠了，以致於當時人們認為要到達太陽，需要歷經兩個世代的路程。

有一段時間，天文學家最迫切想知道的事，就是太陽距離我們有多遠。有人把這個問題稱作「天文學第一問題」。[13] 後來經過許多天文學家前仆後繼的努力（就像泰雅族的勇士們一樣），終於解開了這個謎底：太陽和地球之間的距離大約是一億五千萬公里。

這個距離即使是電影中的閃電俠，快如光，也要八分鐘才能到。就算泰雅族的勇士們能用人類跑百米最快的速度，持續不斷衝刺，也要大約四百五十年才能到。當時寫出射日故事的人，大概萬萬沒想到太陽是如此遙遠吧。

「超神準」的都不是心理測驗

天文學家有辦法測量出太陽和地球的距離，這件事情光用想像的就覺得很了不起，畢竟太陽非常遙遠，我們完全無法觸及它。但是如果你再仔細想就會發現，心理學家要做的事似乎更難，因為他們不只是在測量我們無法觸及的東西，像是內向、外向、神經質、創造力、勇敢等，而且這些東西你還看不到。太陽至少還是看得見的東西，你抬頭就可以看見一顆太陽，但是你再怎麼找也看不見一個叫作「內向」的東西。所以心理測驗其實是在做一件非常難的事：它要去測量一些既看不見、又摸不著的東西。

然而，一般人常常把心理測驗想得太簡單，對心理測驗有一些誤解。打開網頁輸入「心理測驗」四個字，你會看到各種吸引人的標題，像是：

13 汪潔（2017）。星空的琴弦：天文學史話。長江少年兒童出版社。

「超神準心理測驗！三分鐘測出你的金錢觀。」

「這五種動物你會選哪個？精準測出你的理想情人類型。」

「你最大的優點是什麼？一張情境圖，測出隱藏性格和不為人知的優勢。」

相信你對上面這類「超神準心理測驗」一定不陌生，搞不好你還認真做過，把做完的結果發布在社群媒體上和大家分享。但是，如果你能理解我剛才說的，要測量人的心理可能比測量地球和太陽之間的距離更難，你應該就能理解，大多數你過去接觸到的這些「超神準心理測驗」，其實都不是真正的心理測驗，它比較像一種趣味遊戲。

如果你只是想增添生活樂趣，那麼做做這些測驗娛樂一下無妨，但你不能把它們測出來的結果當真。這些「超神準心理測驗」就像是泰雅族的射日傳說，以為只要背個孩子跑、中途交棒就能到達太陽了；但這想像和事實差距非常大。

表 3-1 一個科學心理測驗的例子

	完全不符合	部分不符合	部分符合	完全符合
1.整體而言，我對自己感到滿意。	1	2	3	4
2.有時我覺得自己一點可取之處也沒有。	1	2	3	4
3.我覺得自己有許多好的特質。	1	2	3	4
4.我可以把事情做得像大多數人一樣好。	1	2	3	4
5.我覺得自己沒有什麼值得驕傲的地方。	1	2	3	4

譯自：Rosenberg, M. (1965). *Society and the adolescent self-image*. Princeton University Press.

說好的水晶球呢？

人們常常把心理測驗和星座算命聯想在一起，因為它們都是一種瞭解人的方式。某種程度你的確可以把心理測驗想成一種算命，只是它是「科學的算命」。

有時算命師會用一些帶有神祕色彩的工具，像是抽籤問卜、鳥卦米卦、塔羅牌、水晶球等，來瞭解一個人。心理學家也是類似這樣，他們主要是用心理測驗，而且是經過科學驗證的心理測驗。這些具有科學基礎的心理測驗，通常不像算命師的工具那樣炫，它們大多很質樸，而且你對它們一定不陌生。就像表 3-1 那樣。

看到表 3-1 的科學心理測驗，你的感覺是什麼？如果有一個算命師拿著羅盤在你家走來走去，或是盯著水晶球表情凝重、默默不語，你可能會油然而生一些崇敬之意，然後在和他講話時尊稱：「老師、老師……」。但是如果看到一個心理學家拿出表 3-1 的心理測驗，你可能會覺得他好遜，難道沒有厲害一點的東西嗎？然後脫口而出：「林老師咧……」（不是髒話，是那個心理學家剛好姓林）。

要比炫，心理學家也不會輸

像表 3-1 那樣的科學心理測驗，和網路上那些「這五種動物你會選哪一個？」的趣味測驗比起來，多數人應該都寧可做趣味心理測驗。因為科學心理測驗，看起真的很普通又無趣。也難怪網路上流傳的大多是趣味心理測驗，而不是心理學家用心良苦發展出來的科學心理測驗。

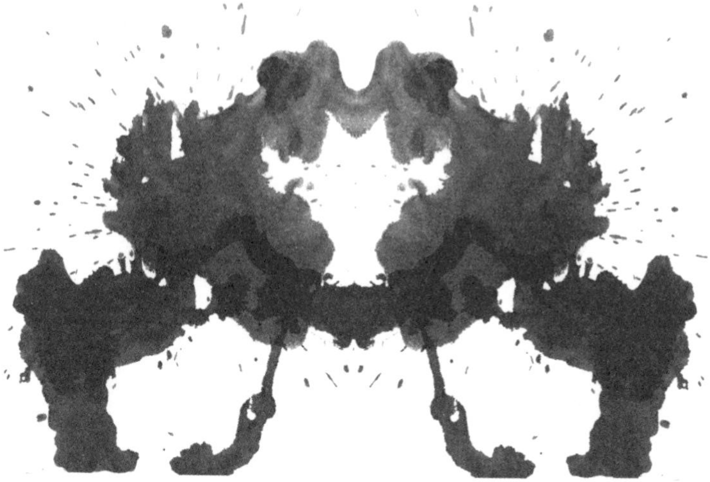

圖 3-1 華麗的心理測驗示意圖（此圖取自 Pixabay）

因此，心理學家賺不到錢不是沒有原因的；有些心理學家甚至窮到要寫書，日子才過得下去（像本書作者就是）。

當然，心理學家也不是三腳貓，他們也有厲害的東西；像是圖 3-1，拿張圖給你看，問你一些問題，然後藉由你的回答去評估你的心理狀態。科學心理測驗中，也不乏像這類可以和塔羅牌、水晶球 PK 的工具，而且種類繁多。

例如，心理學家可以利用類似拼圖的方式，來評估你的智力高低；或是請你畫幅畫，來瞭解你的心理狀態；也可以用電腦呈現的方式，測量你的反應速度，來瞭解你對某些事情的態度。所以確實有一些科學心理測驗是比較華麗的。不過這些科學心理測驗並不會放在網路上任人流傳使用。

叔叔有練過，小朋友不要學

總之，我們可以把科學的心理測驗大約分成兩種：第一種是比較簡單樸素的，就像我們所熟知的一般問卷；第二種則是比較華麗，需要更多操作的。但是不論哪一種測驗，都不會是你自己簡單做一做就能得到答案的。

要使用科學的心理測驗，就像你要去坐飛行傘一樣，不能自己拿著傘就往懸崖跳，旁邊必須有教練陪同。多數科學的心理測驗，它們的施測、計分、解釋，都必須由訓練有素的專家來進行，一般人沒辦法自己使用。所以那些你在網路上隨便就能夠找到，看起來很炫、又可以自己做，幾分鐘就能給你一個答案的「超神準心理測驗」，都不太可能是真正的心理測驗。

如果心理測驗必須專家才能使用，那麼，所謂訓練有素的專家又是什麼意思？在大學的心理系裡，心理測驗是一門總共要上一百零八小時的課。上完這些課的大學生（如果有認真學的話）只能操作一些比較簡單的心理測驗，他們還無法操作更複雜的測驗。至少要進入研究所，修過專門的課程，才有能力使用比較複雜的心理測驗。

市面上一些飛行傘訓練班，所需要的受訓時間大約是六十小時。所以要能使用心理測驗，比要學會飛行傘還難。心理測驗真的不是一般人以為那麼簡單的事。

心理測驗 PK 體重計，誰比較準？

以上，我們把心理測驗講得那麼科學、那麼高級，必須是訓練有素的專家才能使用。那心理測驗有很準嗎？這……身為心理學家我都不太好意思說了。說實話，可能沒有你想像中的準。

怎樣的心理測驗叫作準？如果你昨天做了一個心理測驗，它說你的外向程度是八十分，明天你再做一次，也是八十分；這時候你應該會覺得這個心理測驗是可以相信的。就算隔天做出來的結果不是八十分，也不能差太多。

這件事以體重計為例更好理解。昨天量和今天量，不能差太多。如果昨天量是六十公斤，今天量是六十．三公斤，基本上我們會覺得這體重計問題不大。但是如果昨天量是六十公斤，今天量是六十五公斤，應該沒有人能接受這種體重計吧。所以多測幾次看結果是否一致，可以幫助我們知道一個心理測驗的準確度。[14]

每一個心理測驗，我們都可以算出它的準確度。表3-1的那個測驗，心理學家常常用它來測量一個人喜不喜歡自己，那個測驗的準確度大約是八〇%。[15]你可能覺得八〇%的準確度聽起來很不錯，但其實這樣的測驗很不OK。我用體重計解釋給你聽。

如果我賣一個準確度八〇%的體重計給你，你一定會罵我是騙子。八〇%的準確度表示這個體重計每次測的結果，可能會在正負十二公斤之間變動——我沒寫錯，是「正負十二公斤」。有可能你這次站上體重計是六十公斤，感覺自己還算輕盈；隔天量竟然發現自己多了十二公斤，變成七十二公斤了。這就是一個準確度八〇%的測量工具的樣子。這種測量工具很難讓人接受，對吧？

14 因為考慮讀者並非專業人士，在此只談信度。請不要跟我爭論「有信度不一定有效度」之類的問題。再者使用「準確度」這個詞，也只是為了更易閱讀理解。除非你買超過十本書，並且附上收據證明，否則我不接受你的批評。

15 Schmitt, D. P., & Allik, J. (2005). Simultaneous administration of the Rosenberg Self-Esteem Scale in 53 nations: exploring the universal and culture-specific features of global self-esteem. *Journal of Ersonality and Social Psychology*, 89(4), 623-641.

不能再厲害一些嗎？

那我們有沒有辦法讓心理測驗的準確度再高一些？以目前狀況來說，心理學家再怎麼用力大概也只能把準確度提升到差不多九〇%。[16]

如果同樣用體重計來想，一個準確度九〇%的體重計，量出來的結果可能會在正負八公斤之間變動。今天你量發現自己六十公斤，明天發現自己變成六十八公斤，後天……這個體重計應該就在垃圾筒裡了。[17]這大約就是目前心理測驗的準確度。

當然，心理測驗不是體重計，這邊用體重計去做類比，是因為如果只告訴你心理測驗的準確度是八〇%、九〇%，你應該沒辦法真的理解這些數字是什麼意思；轉換成體重計，你比較好想像。

而從這種類比當中，你應該多少可以知道，就算是目前品質最好的一些心理測驗，它測出來的準確度也比你想像中的低。就像之前說的，要測人的心理，可能比測太陽和地球之間的距離更難。古人說「人心難測」，這句話真的沒錯。

心理測驗與小宇宙

儘管心理測驗的準確度可能比你想像中的低，但我可以保證它還是比網路上那些「超神準測驗」準確很多；網路上那些趣味測驗，真的只能當娛樂。

最後，我用「小宇宙」這個概念來說明心理測驗的意義。「小宇宙」這個說法出自日本的一部動漫《聖鬥士星矢》，內容是在講述女神雅典娜的待衛們的故事。這些待衛也是凡人，只是他們受了訓練，可以激發存在於人類內在的宇宙能

---

16 很多心理學家認為 0.90 是很好的信度，如 DeVellis, R.F. (1991). *Scale development*. Sage Publications.

17 此種類比出自我和鄭中平的一篇未發表論文。此一計算是使用測量標準誤的方式。即測量結果的 95% 區間 = $\pm 1.96 * SD\sqrt{1-r_{xx'}}$。依據盧彥丞等人（2017）的調查，大學生體重之標準誤 ≒ 14，計算後信度 0.8 之區間大約為 ±12、信度 0.9 之區間為大約為 ±8。

量，發揮出超越常人的力量。所以它有一句非常著名的台詞：「燃燒吧，小宇宙。」

雖然這只是動漫想像，但是「小宇宙」這個說法其實很貼切地展現出心理學的世界觀：這個世界有兩個宇宙，一個是人類外在的宇宙，一個是人類內在的宇宙。人類外在的宇宙寬廣複雜，但天文學家有很多厲害的儀器設備，像是望遠鏡、衛星、太空船等，讓他們可以揭開宇宙的奧祕。人類內在的小宇宙可能更加難以捉摸，但心理學家目前仍然沒有辦法發展出夠好的心理測驗或工具，來協助他們探索人類內在的小宇宙。

要揭開人類心智的奧祕，我們需要更好的工具；而這件事還有非常長的路要走。

第二篇

探索神祕現象

04「鬼壓床」是真的嗎？

不管你有沒有讀過武俠小說，應該多少聽過「點穴」這種神奇功夫。一般人對它的印象就是被點了穴之後，任你武功多高強都會動彈不得。電影《劍雨》的最後高潮，就是女主角為了保護男主角而點了他的穴，男主角動彈不得，只能眼睜睜看著心愛的人，隻身赴約，與強敵做最後決戰。

但其實在小說中對點穴的描述並不是這樣。小說中多半是人被「點倒」，而不是「動彈不得」。《鹿鼎記》提到：「海老公……揑下一小塊木塊，嗤的一聲響，彈了出去……那木片撞在右腿伏兔穴上，登時右腳酸軟，跪倒在地。」或是像《天龍八部》：「段正淳反手一指，無聲無息，已點中了她腰門『章門穴』。鐘夫人猝不及防，便即軟倒。」

所以在小說中，點穴都是把人點倒，不是動彈不得。不過在電影中如果被點穴後只是跌倒，可能會覺得這招式不夠厲害，甚至有些滑稽；也許是因為這樣，很多電影就改以「定格」的方式去呈現點穴的效果。

在現實中我們應該不會遇到能把人點到定格的人；但是有些人的確遇過身體動彈不得的經驗，彷彿被人……或什麼無形的東西點了穴，那就是俗稱的被鬼壓，或是鬼壓床。

醫學上的睡眠麻痺

就算你自己沒有親身經歷過，應該也有聽過鬼壓床這件事。而且這個現象由來已久。中國經典鬼怪小說《聊齋誌異》裡的一篇故事〈咬鬼〉，就寫了一個老翁，在午睡時看見一個女人用白布包裹著頭，穿著喪服麻裙，進入家中，還爬到他的床上，然後「壓腹上，覺如百鈞重。心雖了了，而舉其手，手如縛；舉其足，足如痿也。急欲號救，而苦不能聲。」這內容是說老翁感覺被壓、手腳動彈不得、連聲音都發不出來；這是不是很像我們熟知的鬼壓床？可見鬼壓床這個現象古人也經歷過。

寫到這邊，可能會有讀者好奇，這壓在老翁身上的女鬼容貌如何？這邊進行一下讀者服務，小說中說她：「年可三十餘，顏色黃腫，眉目蹙蹙然，神情可畏。」嗯，恐怕不是很漂亮。

雖然一般人會把鬼壓床當作一種靈異現象，但其實它在醫學上被定義為一種特殊的睡眠現象，稱之為**睡眠麻痺**（sleep paralysis）。睡眠麻痺大致上有幾個特徵：(1)你的意識是清醒的，可以清楚知覺到周遭環境；(2)但是肌肉運動的功能被限制住，也就是身體動彈不得，甚至連發出聲音都有困難；(3)感覺有東西壓住自己；(4)通常會伴隨一些超自然經驗，像是聽到說話聲、看見模糊不明的物體。

因此，鬼壓床是個在醫學上有被正式研究的現象，並不只是口耳相傳的都市傳說。不過，雖然醫學上使用了「睡眠麻痺」這個專業的詞，聽起來頗有學問，但本書不希望太生硬，以下我還是使用「鬼壓床」這個比較接地氣的詞，來討論睡眠麻痺現象。

鬼都壓了誰？

鬼壓床在我們的日常經驗中，似乎還算時有耳聞的現象，但是其實它的發生率可能比我們想像中的低。有一個研究分析了五十年、超過三萬六千人的資料，發現一般人只有大約一四％曾經有鬼壓床的經驗，也就是大約每七個人中只有一個人曾經有過這種帶有靈異色彩的經驗。[18]

其中學生發生鬼壓床的比例更高，是一般人的三．五倍，原因不明。不過從這個統計數據看起來，大家都說學生宿舍鬧鬼、校園的銅像到了晚上會換姿勢，這類的傳聞很可能是真的（誤）。

此外，女性發生鬼壓床的機率比男性高，因此比起《聊齋誌異》中那個女鬼壓男人的故事，鬼壓在女人身上的可能性更高。不過這個差異並不算大，女生曾發生鬼壓床的比例大約是一九％，男生大約是一六％。[19]也有另一篇研究發現，男女生在發生鬼壓床這件事上，其實沒有什麼差異。[20]

你的身體 lag 了

話說回來，為什麼會有鬼壓床這個現象呢？難道真的是有什麼靈體在我們身邊、糾纏著我們嗎？目前研究認為，鬼壓床應該是一種意識和身體不同步的現象。簡單來說，就是你的意識清醒了，但是你的身體以為你還沒醒。

當我們在睡覺時，身體的某些機制會抑制我們的肌肉動作，讓我們不能隨意做太大的運動；如果沒有這個保護機制，後果可能很嚴重。例如，我家裡的小狗，

---

18 Sharpless, B. A., & Barber, J. P. (2011). Lifetime prevalence rates of sleep paralysis: a systematic review. *Sleep Medicine Reviews*, 15(5), 311-315. 此數據是根據該論文 Table 2，扣除精神疾患者，計算出 General population 和 Students 合併之行率。

19 前註中的論文分析了三十五個研究，並非每個研究都有報告性別資料，故此處男女之盛行率，高於總平均盛行率。

20 Denis, D., French, C. C., & Gregory, A. M. (2018). A systematic review of variables associated with sleep paralysis. *Sleep Medicine Reviews*, 38, 141-157.18

她有個非常美的名字，叫作「舒姬」，這個名字真的是人人稱讚，堪稱狗界之光；但是加上主人的姓之後會有些搞笑。

舒姬睡覺時很可愛，有時你可以明顯感覺到她在作夢，因為她的尾巴會一直搖、腳會一直踢；可能是夢到正在草原追著球奔跑。但是她不會因為作了這樣的夢而真的在家裡跑起來，因為睡覺時她的運動功能是被抑制住的，她不能隨心所欲地動作。這時你應該可以理解，在睡眠時有一些機制限制住我們的運動能力，具有很大的保護作用。否則我們很有可能睡覺睡到一半，爬起來四處撞壁、摔下樓梯，或拿著刀胡亂揮舞。

雖然這種抑制運動的功能，應該只發生在我們睡覺時，但是偶爾這個功能會出狀況。有時你已經醒過來了，但是抑制身體動作的機制卻以為你還在睡。這時候就會發生你人醒著，卻發現自己動彈不得的狀況，也就是俗稱的鬼壓床現象了。

這有點像你在追劇，因為頻寬不夠，所以使得聲音和影像不同步；聲音還在跑，但是畫面卻 lag 停在那邊沒有動。鬼壓床就是你人清醒了，但身體卻 lag 沒有跟上你的清醒，所以你沒辦法按照自己的意志去動作。

至於為什麼會有這種意識和身體不同步的狀況發生？目前醫學仍然不完全清楚它的成因。不過鬼壓床這件事和遺傳基因可能有很大的關係。

有一個利用雙胞胎去做的研究發現，遺傳對鬼壓床的影響力大約是五三％。[21] 這個影響力已經相當於遺傳對人們性格的影響力了。所以遺傳對鬼壓床有不小的影響力。如果你有朋友是長得一模一樣的（同卵）雙胞胎，其中一人有被鬼壓過，另一人也被壓過的可能性不低。至於壓他們的是同一個鬼、不同的鬼，或是雙胞胎的鬼？就不得而知了。

21 Denis, D., French, C. C., Rowe, R., Zavos, H. M., Nolan, P. M., Parsons, M. J., & Gregory, A. M. (2015). A twin and molecular genetics study of sleep paralysis and associated factors. *Journal of Sleep Research*, 24(4), 438-446.

為什麼會有靈異體驗？

鬼壓床除了可以用意識和身體不同步解釋之外，另一個解釋是：你覺得自己明明清醒了，卻不能動，原因很簡單，其實你根本就沒有醒——其實你是在作夢，卻以為自己是清醒的。

鬼壓床常常發生在一個叫作**快速動眼**（rapid eye movement）的睡眠階段，而這個階段通常是人們正在作夢的階段。所以鬼壓床有可能是一種特殊的作夢現象，而且多半是在作惡夢。因為鬼壓床通常會伴隨著恐懼的情緒，這個恐懼的情緒有可能是因為你正在作一個（和鬼怪有關的）恐怖的夢。

這種說法很能解釋鬼壓床中的靈異現象。很多發生鬼壓床的人，都會說他們有感受到一些靈異現象。這種靈異現象大致上分成三大類：[22]第一種是感覺有人（或某種東西）入侵了你所在的空間，像是聽到腳步聲、有人竊竊私語的聲音；第二種是感覺到那個人（或東西）壓在身上，使得你感到壓迫、喘不過氣來。《聊齋誌異》裡面的老翁就是經歷了這兩種現象，他感覺到有個女人進入家裡，而且壓在他身上。第三種則更玄妙了，是會感覺到身體不尋常的位移，像是覺得自己似乎漂浮起來。

雖然這些靈異現象增添了鬼壓床的神祕色彩，但是如同前面說的，鬼壓床通常發生在睡眠時作夢的階段，而且通常伴隨著恐懼的情緒，因此這些靈異體驗有可能是因為你正在作惡夢的關係。

如果你仔細回想可能會發現，通常鬼壓床的這些靈異現象，都是被壓的那個人的主觀感受，似乎很少聽到當時有人在旁邊說他也看到或聽到什麼，也沒聽說過有人看到被鬼壓的人漂浮起來——如果有就真的太離奇了。既然這些體驗似乎都只有當事人感受到，那麼鬼壓床的確有可能是一種特殊的作夢現象。

22 Cheyne, J. A., Rueffer, S. D., & Newby-Clark, I. R. (1999). Hypnagogic and hypnopompic hallucinations during sleep paralysis: neurological and cultural construction of the night-mare. *Consciousness and Cognition*, 8(3), 319-337.

我很確定我是清醒的

但是，很多鬼壓床的人都說他們當時非常清醒，既然是清醒的怎麼會作夢呢？這邊就要再深入一層去談，當時真的是清醒的嗎？確定並不是「夢到」自己很清醒？這很像電影《駭客任務》。

《駭客任務》講述一個未來的世界，人類創造出來的電腦反過來統治了人類，並且豢養人類作為電腦能量的來源。而為了怕人類群起反抗，電腦使用了某種裝置讓人們一直處於睡眠狀態中，並且作著夢；在夢中我們以為自己清醒地活在一個真實的世界中，過著日常生活。但這其實只是一種幻覺，我們一直在睡眠中，作著以為自己很清醒的夢。

其實類似的點子，兩千多年前中國就有了，就是那個有名的「莊周夢蝶」的故事。莊子夢到自己是一隻蝴蝶，醒來之後，他分不清究竟是他夢到蝴蝶；還是他其實是隻蝴蝶，現在正夢到自己是莊子。

心理學的一些研究發現，《駭客任務》和「莊周夢蝶」是有道理的。人的意識比想像中複雜很多，因為人會作夢、可以被催眠、有著連自己都不知道的深層潛意識，甚至有時一個人可以分裂出幾個不同的人格等。

很多時候當事人自己並不能覺察到這些不同的意識狀態。因此，就算在鬼壓床當下你覺得自己十分清醒，也很難百分之百確定你是真的清醒，還是夢到自己很清醒。從這個角度來看，鬼壓床有可能是一種「以為自己很清醒的夢」。

本書作者也撞過鬼

雖然我的八字不輕，也不算是有什麼靈異體質，但是在人生中也有幾次非常接近撞鬼的經驗。其中一次是小時候睡到半夜，非常清晰地聽到有人在家門外叫著我的名字，想要把我叫出去；而且我還真的打開門，看著外面巷子的一片漆黑。另一次是我站在一個疑似被鬼附身的人旁邊，怎麼問他話，他都只是陰冷地笑不回答，那個鬼附身結束臨走時，還留下一句：「我還會再回來的。」場面相當驚悚，簡直就像在拍鬼片。

儘管有這些經驗，如果你問我覺得這世上有沒有鬼，我還是會說沒有。因為這兩次事件都可以用本章中所說的科學觀點去解釋。

半夜聽到有人叫我，可能是我當時處於一種意識和身體不同步的狀況；我的意識沒有清醒，還在作夢，所以聽到的是我夢裡的聲音；我的身體以為我醒了，所以我起來走動甚至開了門。鬼壓床是意識清醒，身體沒醒；我當時的狀況剛好相反，是身體醒了，但意識沒有醒，也就是我在夢遊中。

而被附身事件，則突顯出前面說的，人有時並不能清晰地覺察自己的意識狀態。在心理學中，附身可以說是一種性格的**解離**（dissociation），也就是一般人或電影中所說的「人格分裂」，很有可能當事人基於某種因素，自行產生了另一個人格，並且以鬼附身的方式呈現出來；我當時只是站在一個人格分裂的人旁邊而已。

其實科學家不鐵齒

聽了以上解釋，你是不是會覺得科學家很嘴硬、超鐵齒？其實剛好相反，當你越懂科學之後，你就會越相信這世界中有某些現象，是目前科學仍然無法解釋的。

愛因斯坦就說過：「我不是無神主義者……我們就像是小孩，進入一個巨大的圖書館，裡面充滿用不同語言寫成的書籍。小孩子知道一定有人寫了這些書，但不知道用什麼方法，也不瞭解這些語言。小孩只是隱約猜想書籍排列方式有一種神祕的秩序，但又不知道是什麼秩序。」[23]

很多科學家（以及小弟我）的想法都和愛因斯坦差不多，這宇宙背後有某種超然的法則或存在，也有一些目前科學仍無法完全解釋的現象。但是當這些現象

23 加來道雄（2018）。愛因斯坦的宇宙（郭兆林譯）。時報出版。

出現時，科學家和一般人的不同是，他們會更仔細地去探究它，而不會貿然地把這些現象歸因於鬼神。而仔細探究之後，多數科學家應該都會覺得鬼壓床並不是什麼靈異現象，它只是一種特殊的睡眠現象。

05 「似曾相識」是怎麼回事？

「驅車前往馬里布，兩人共用一個湯匙，吃草莓冰淇淋。互穿對方的外套，因為彼此外套尺寸不合而相視對笑。重複看著相同的電視劇、一起合唱著歌曲……」這是一首情歌的歌詞，聽起來是個甜蜜的故事。但是下一句歌詞改變了整個故事。「你何時才要告訴她，我們也曾經這麼做過？她覺得很特別的那些事情，其實都已是第二次發生過了。那是我們一起談論過的節目、那是我們一起唱過的歌。當你和她在一起時，難道不會有『既視感』嗎？」

這是美國創作歌手奧莉維亞．羅德里戈（Olivia Rodrigo）寫的一首失戀情歌，她很有創意地使用了「既視感」這個概念來描述被移情別戀的人的心情。從歌詞明顯可以看出，這是在寫一個被分手的女生在酸前男友；或許因為對方就是個渣男，也有可能唱歌的人是個恐怖情人，分手後還不放過對方。

我們未必有過這麼揪心（或可怕）的戀情，但很多人可能有過「既視感」的經驗。歌詞中最後一句的「既視感」，指的是一種似曾相識的感覺，它的原文是Déjà vu，源自於法文，意思是「已經看過了」。如果去查維基百科，既視感指的是：「一個人感覺好像以前經歷過現在情境的現象。」

很多人可能都曾經有過這樣的經驗：明明某一個情境或事情，自己是第一次經歷，卻有一種熟悉的感覺，好像這件事曾經發生過；這就是所謂的既視感。

哪些人會有既視感？

如果你問周遭的人是否曾經看過飛碟、遇過鬼，或是親自見證過神蹟，得到的答案應該多數是否定的。雖然人們口語相傳的神祕現象不在少數，但是要遇到真正親身經歷過的人，似乎也沒那麼容易。那麼既視感呢？它也是一個很少人親身體驗過的現象嗎？

研究發現，有超過六〇％的人曾經有過既視感。也就是每十個人當中至少有六個人有過這種經驗。所以既視感並不算一種罕見的現象。很多人都曾經歷過這種奇妙體驗。相較於飛碟、鬼怪、神蹟，既視感算是一種很「親民」的神祕現象。如果有「最友善的神祕現象」選拔，既視感應該當之無愧。

但是既視感雖然親民，它也不是對所有人都一視同仁。它偏愛年輕人。目前的研究發現，隨著年紀增加，既視感出現的可能性會降低。也就是小孩、年輕人，比起中老年人更可能有既視感。[24]

這似乎很符合世俗對一些超自然現象的看法。我們常覺得小孩因為某些原因，比大人更能感受到這世界的一些神祕現象。在一些描述鬼魂或精靈的電影中，也常會有小孩看見了某些東西，而大人卻看不見的故事情節。所以年紀小比較容易有既視感這個研究結果，很符合「小孩易見鬼」的直覺想法。

此外，《紅樓夢》裡賈寶玉第一次見到林黛玉時，見她「兩彎似蹙非蹙罥煙

24 Brown, A. S. (2003). A review of the déjà vu experience. *Psychological Bulletin*, 129(3), 394-413.

眉，一雙似泣非泣含露目……閒靜時如姣花照水，行動處似弱柳扶風。」賈寶玉見到了這樣的正妹，於是說出了一句千古名句：「這個妹妹我曾見過的。」賈寶玉當時才八歲，很符合既視感偏愛年輕人的現象，因此看到林黛玉時有既視感也不是不可能。

你真的看過，只是忘了

關於既視感，有些人認為這可能是一種前世殘留的記憶。前面提到年紀輕的人比較可能有既視感，似乎也符合這種前世觀點。因為年紀小比較能記得前世的記憶，這輩子遇到和前世類似的情境時，就更可能出現既視感；年紀大了之後，前世記憶也忘得差不多了，不容易產生既視感。

不過這就表示孟婆湯的威力不太夠，喝了之後只能沖淡投胎者的記憶，不能完全消除記憶。如果這是真的，在陰間負責輪迴的部門就要多加注意了。

關於既視感是不是前世記憶，科學很難證明或否證它，不過科學對既視感有一些輪迴之外的合理解釋。

第一種可能解釋是，這個情境你真的有經歷過，但不是前世，而是幾秒前。簡單來說，就是你本來在做某件事，但是短暫地分心了一下，再回過神來時，你以為自己才剛開始做，然後就產生了某種熟悉感：「咦？這感覺好熟悉，這件事之前好像發生過。」其實它是真的發生過，而且不是很久以前，是幾秒之前，只是你忘了。

例如，有一天你要過馬路，從小我們就被教育馬路如虎口，過馬路一定要注意左右來車；於是你左看看、右看看，確定沒車。正準備要過馬路時，你發現對街有個穿短裙的正妹，所以你忍不住就瞄了一下，看完正妹之後，你打算過馬路，從小我們就被教育馬路如虎口，過馬路一定要注意左右來車；於是你左看看、右看看，確定沒車……。

然後你突然發現：前面這一段之前讀過，作者偷懶直接複製貼上……不是，是你突然覺得，過馬路這件事感覺好熟悉，之前好像發生過；難道我和對面的正妹是前世夫妻、三世姻緣嗎？其實這不是前世的記憶。過馬路這件事之前真的發生過，而且就在你偷瞄正妹之前，只是你瞄過正妹之後忘了，以為自己才剛要過馬路。這就是關於既視感的一個可能解釋。

簡單來說，就是你在做某一件事情的時候，因為注意力分散，把這件事情切割成兩段，然後這個短暫的分心讓你忘了第一段，以為自己才剛開始做。如果以賈寶玉和林黛玉的故事來說，賈寶玉說「這個妹妹我曾見過的」是真的。他看了一眼林黛玉，然後因為某種原因分心了，再看第二眼時，誤以為自己是第一次看到林黛玉，於是說出了「這個妹妹我曾見過的」這句話。他是真的見過，只是那是零點幾秒前的事，而他自己忘了。

如果你覺得這解釋不合理，心想怎麼可能會忘得這麼快？那麼你可以想想日常生活中是不是有過這樣的經驗：本來想說什麼或做什麼，卻立刻忘記？明明剛才手上拿著的東西，一隨手不知道放那兒去了？如果你有過這些經驗，那麼瞄一下正妹就忘記之前做過什麼事，也就不足為奇了。

記憶的混淆

另一種可能的解釋是，你把一些過去的記憶，和當下的情境混淆在一起了。例如，你生平第一次到西藏，卻覺得有種熟悉感；明明是第一次來，卻覺得好像之前來過。這是怎麼一回事？難道我是什麼得道高僧或活佛轉世，卻一直沒有被人發現嗎？其實不是，那有可能是因為你以前在電視或書中，看過一些西藏的影像或照片；也就是說你本來對西藏就不是全然陌生，有熟悉感是很正常的。

但是因為你是第一次到這個地方，你預期應該有一種陌生感，這個突兀的熟悉感你一時找不到原因，於是它就帶給你一種神祕的體驗：一種前世輪迴，或是平行時空、多重宇宙的感覺。其實這件事不太神祕，你只是提取了過去看過西藏的影像的記憶而已。

而且，就算你之前沒有看過任何初到之地的影像，也有可能讓你在第一次造訪時產生既視感。例如，有個外國人到了花蓮的太魯閣，他覺得似曾相識，好像有來過的感覺，但是他連太魯閣的照片都沒看過啊，怎麼提取太魯閣的記憶去產生既視感？不需要，他只要看過類似的地形就可以了。像是他曾看過美國大峽谷或其他峽谷地形的照片、他去過類似地形的地方旅行，甚至只是在打電玩時有峽谷地形的場景，都有可能讓他在太魯閣時，提取一些類似的記憶，而產生既視感的錯覺。

所以，如果你遇見本書作者，覺得他有些眼熟，有種既視感也不用太訝異，那很可能是因為你看過金城武照片的關係。

因此既視感和一個人拼湊記憶的能力可能有關係，這件事和夢其實有些相似。大家多少都曾經記得自己的夢，而且很多時候夢的內容是不太合理的，像是場景切換很快、故事情節亂七八糟等。因此醒來之後要能記得夢，通常必須具備一些拼湊記憶的能力。而由於既視感也是我們對記憶的拼湊，因此比較能記住夢的人也更可能會有既視感。

有一個研究調查了五十八個人，結果發現：比較能記得夢境的人，也更容易有既視感的經驗。[25]也就是說越能拼湊一些記憶片段的人，更可能有既視感。因此，既視感可能是我們提取了過去的一些零碎記憶，對照現在情境所產生的感受。

預知的能力

另外有一個常常和既視感連結在一起的神祕現象是預知能力。二〇一九年的電影《復仇者聯盟4：終局之戰》，是一部很厲害的電影，票房高居影史第二。在片中，為了要打敗強大的反派薩諾斯，奇異博士穿越時空，經歷了一千四百多

25 Zuger, B. (1966). The time of dreaming and the déjà vu. *Comprehensive Psychiatry*, 7(3), 191-196. 此研究只使用了五十八人，對它的解釋應該要更為謹慎。

萬種可能的結局，其中只有一個結局是超級英雄們可以戰勝薩諾斯的，而在這個唯一的結局中，鋼鐵人必須死。（還我鋼鐵人！）

這種電影情節就是現在很主流的一種時空模式：平行宇宙。平行宇宙不只是電影編劇的想像，它真的是物理學家用來解釋時間旅行邏輯矛盾的一種理論。例如，如果你回到過去，殺了你的祖先，你就不可能出生，那沒有出生的你如何回到過去殺祖先？

關於這種矛盾，平行宇宙的觀點認為，當你回到過去做了任何改變歷史的事情時，就會多分裂出一個新的宇宙。假如你殺了你的祖先，此時會有一個你存在的宇宙，以及分裂出一個你不存在的宇宙——這不是科幻的想像，而是一個得過諾貝爾獎的物理學家費曼（Richard Feynman）根據量子力學提出來的。[26]

如果有多個平行宇宙，那就表示可能有另一個你，存活在其他平行宇宙中。有些人就認為既視感是我們在其他平行宇宙中，曾經經歷過的事。如果是這樣，我們產生既視感時，不只會有一種熟悉感，應該還能預測接下來會發生什麼事，畢竟這是在平行宇宙中已經發生過的事。因此有時既視感似乎也會帶給人一種可以預測未來的感覺。

不過心理學研究發現，這種可以預知未來的感覺，有可能是一種錯覺。研究者讓一群人用VR裝置在不同的場景中漫步，有A和B兩個場景，這兩個場景的布置格局大致上是相同的，只是把顏色換一換、把小花換成小草、牆壁換成圍籬之類的；而散步的路線也是相同的，會在同樣的路線上走，並且在某些地方要轉彎。

在實驗時受試者先走A場景，接著走B場景，由於A、B兩個場景在很多地方是類似的，所以很多受試者在走B場景時會產生一種既視感。然後畫面會停在某個T字路口，問受試者他能不能猜出接下來該左轉或右轉？他對自己的猜測多有信心？

26 汪潔（2017）。時間的形狀：相對論史話。經濟新潮社。這邊用「分裂出一個新的宇宙」，其實不完全正確，應該是宇宙會有一個新的「投影」，不過這說來會太複雜。

結果發現，當人們出現既視感時，的確會有一種可以預測未來的感覺，他們認為自己應該可以猜出接下來該左轉或右轉；但是實際的猜測結果並沒有比較好，他們猜對的機率和丟硬幣差不多，只有一半一半。[27]

所以有時既視感會帶來一種可以預知未來的感受，但實際上人們並不會因此而能正確預測未來。既視感所帶來的預知感很可能只是一種錯覺。

我寫這本書時有既視感

總之，既視感常被大家當成一種超自然體驗，因為它很容易讓人聯想到像前世輪迴、平行宇宙這類的神奇概念。目前科學既不能證實也無法否證，既視感和輪迴或平行宇宙有沒有關係。不過科學提供了一些更實際的解釋，既視感可能是一種短暫分心所造成的結果，或可能是我們提取類似的記憶，然後和當下情境做比對的結果。

其實關於既視感還有一些比較複雜的科學解釋，像是它可能是人們認知處理的不一致，或是神經生理因素所造成的結果。不過這兩個解釋都比較生硬，本書就不介紹了。

最後，除了之前提到，年紀輕的人更容易有既視感之外，研究也發現當人們處在比較高度的壓力、緊張和疲勞的狀態當中時，更容易有既視感。[28] 我為了寫這本書壓力頗大，而且也寫得很累。難怪在寫這本書時有一種既視感，這本書好像之前寫過了，甚至還既視到正在讀書的你有跟親朋好友推銷、介紹這本書。

27 Cleary, A. M., & Claxton, A. B. (2018). Déjà vu: An illusion of prediction. *Psychological Science*, 29(4), 635-644.

28 Brown, A. S. (2003). A review of the déjà vu experience. *Psychological Bulletin*, 129(3), 394-413.

06 「星座」怎麼那麼迷人？

「人生不相見，動如參與商。今夕復何夕？共此燈燭光。」

這是中國詩聖杜甫，因為和好友短暫相見卻又要匆匆告別，有感而發寫的一首詩。詩中第二句的「參」與「商」，是指現今的兩個星座：「獵戶座」和「天蠍座」。它的典故是，以前有兩個兄弟，他們非常不和、水火不容，經常鬥毆。他們的父親無奈之下，只好把兄弟倆分隔在遙遠的兩地，而這對兄弟所在之處分別可以看見「參」和「商」這兩個星座。在中國的夜空上，「參」和「商」是不會同時出現的，而因為以前的人要見個面很不容易，見了這次未必有下次，所以杜甫才說：「人生不相見，動如參與商。」。

從這首詩也可以知道，人類自古就對夜空中的星辰非常感興趣，詩人用它寫詩、祭司用它占卜。就算是深宮之中寂寞的宮女，晚上沒什麼可消遣，也會「天階夜色涼如水，臥看牽牛織女星」，藉著仰望天上的星星來想像自己苦等不到的愛情。

時至今日，雖然我們在都市叢林之中，抬頭已經看不到星星了，但是它們仍然占據了我們生活中的一個角落。打開電視、滑著手機，你都可以看到各種星座運勢的預言。

星座與人類的自我中心

星座是由三五成群的恆星組成的。雖然我們都說有十二個星座，但是天上繁星點點，絕不可能只有十二個星座；光是國際天文學會所劃分出來的，就有八十八個星座。那麼，為什麼其中十二個星座特別受到人們青睞呢？因為這十二個星座剛好映照在太陽每年行經地球的路線上，這個路線稱之為「黃道帶」，所以這十二個星座也常被稱為黃道十二宮。

上面這段話，你有沒有發現一個怪怪的地方？黃道帶是「太陽每年『行經』

地球的路線」，這句話是什麼意思？太陽並沒有繞著地球轉，而是地球繞著太陽轉啊；太陽不會「行經」地球。

沒錯，所以黃道帶這個概念完全是以地球為中心所想出來的，因為古代人以為地球是宇宙的中心，天上的日月星辰都繞著地球轉，而既然有十二個星座落在太陽「行經」地球的路線上，那麼這十二個星座一定和其他星座不同，它們必然揭露了人類的祕密。就這樣，星座和人類的命運連在一起了，而這個美麗的誤解歷經了千年也不衰。

當然，現在大家都知道地球並不是宇宙的中心，但是這種自我中心的想法非常根深蒂固。有一個例子，可以說明人類的自我中心。

哥白尼在一五三六年寫出了《天體運行論》這本巨作，書中主張地球不是宇宙的中心，太陽才是。但是他不敢出版這本書，因為這件事太過違反人們長期以來自我中心的想法。過了七年之後這本書才出版。而為了避免惹來殺身之禍，《天體運行論》的編輯還加了一篇前言，說書中的理論只是為了推算行星位置想出來的人為設計，並不是行星的真正運動；總之就是打死不承認這本書在說地球繞著太陽轉。

《天體運行論》出版時，哥白尼已是重病在身；據說哥白尼在病榻上拿到了《天體運行論》的樣書時，他摸了摸書的封面，便闔上雙眼，與世長辭了。本書作者在拿到《超直白心理學》的樣書時，也是摸了摸書的封面，便闔上雙眼……但是好險後來有醒過來。

總之，透過哥白尼的故事我們可以知道，自我中心是人類根深蒂固的天性，即使科學證據明明白白地擺在眼前，也難以撼動人類的自我中心。而星座可以說是這種自我中心下的產物，因為星座就是以地球是宇宙的中心去發想出來的。

從這邊不難想像，比較自我中心的人應該會更相信星座。有一個研究就發現，相不相信星座和兩個特質有關：一個是「智力」——一般來說，智力高的人比較不相信星座。另一個特質就是「自戀」——平均來說，越自戀的人越相信星座。[29]因此人們對星座的喜好，和人類自我中心的傾向應該很有關係。

星座準不準？

既然星座對人們來說很有吸引力，那星座準嗎？關於星座的一個普遍說法，就是不同星座的人性格不同。例如，人們常說獅子座的人比較活潑外向；巨蟹座的人待人溫暖和善；處女座的人處事保守謹慎等，不同星座的人各自有他們的特色。所以要知道星座準不準，最直接的方法，就是去分析不同星座的人個性是不是真的有差異。有一個研究使用了超過六萬五千個人，分析了十二星座的人，看他們在性格特質上有沒有差異，結果發現一個人的性格和他的星座其實沒什麼關係。[30]

29 Andersson, I., Persson, J., & Kajonius, P. (2022). Even the stars think that I am superior: Personality, intelligence and belief in astrology. *Personality and Individual Differences*, 187, 111389.

30 Steyn, R. (2011). Astrological signs and personality differences. *Journal of Psychology in Africa*, 21(3), 493-494.

另外有一些研究，挑特定的星座來分析。很多人都知道，十二星座又可以分成四大類，分別是火象、風象、土象和水象星座。其中，水象星座，也就是巨蟹、天蠍、雙魚——巨蟹和雙魚是「水象」星座，本書作者還能理解，但為什麼天蠍是水象，蠍子會游泳嗎……。

總之水象星座一般被認為是情緒或情感的代表；如果去看星座的描述，大致上會認為水象星座的人比較纖細敏感，情感豐沛，有時也會鬱鬱寡歡或杞人憂天。在心理學裡面，這種特性稱之為**神經質**（neuroticism）……抱歉了水象星座的讀者，這是心理學說的，不是我說的。

因此，如果星座的描述是正確的，那麼水象星座的人，應該要比其他星座的人更神經質。但是研究結果也沒有發現水象星座的人比較神經質，火象、風象、土象和水象四大類星座的人，在神經質測驗上的得分上並沒有很大的差異。[31]所以整體來說，目前並沒有什麼科學證據，支持坊間流傳的一些關於星座和性格間關係的說法。

星座專家可不可靠？

《舊唐書》中有一段故事，當時民間流傳，唐朝三代之後，會出現一個女人篡奪天下；唐太宗很不放心，就去問了精通天象的太史丞李淳風。李淳風說：「臣據象推算，其兆已成。然其人已生，在陛下宮內，從今不逾三十年，當有天下，誅殺唐氏子孫殲盡。」意思是說他看了天象顯示，這件事是真的，而且這個人正在宮中，三十年後會當上皇帝。這人就是後來的武則天，而李淳風根據天象推算的結果後來也成真。

這應該只是一個後人杜撰的故事。不過這故事說明了一件事，如果星象是有效的，那麼星座專家的推算就要夠準確。有一個研究找了六個星座專家，給了星

31 Saklofske, D. H., Kelly, I. W., & McKerracher, D. W. (1982). An empirical study of personality and astrological factors. *The Journal of Psychology*, 110(2), 275-280.

座專家們二十三個人的詳細出生時間和命盤，但是不告訴他們，哪個出生資料對應哪一個命盤。研究者想看看星座專家能不能根據一個人的出生資料，猜出他的命盤。

結果星座專家們猜得非常差，在二十三個人裡他們平均只猜中一個。[32] 也就是說，這些訓練有素的星座專家，並沒有辦法根據一個人的出生資料，去猜出那個人的命盤。而且這個研究還發現，不同星座專家之間彼此的猜測也很不一致，在二十三個猜測中，星座專家們的猜測平均只有一．四個是相同的。

你可能覺得會不會這六個專家是爛咖，所以才猜得那麼糟？其實不是，這六個星座專家都不是阿狗阿貓，他們是由當地的占星協會推薦出來，具有優秀占星能力的專家。其中一個專家出版了兩本關於占星術的書籍，另一個是媒體上的星座專欄作家。而這六位專家都有收費幫人做專業的占星諮詢。因此，即使是被認為相當學有專精的星座專家，他們在猜測命盤上的表現似乎也不是太好。

其實只是對號入座

總之，科學研究大致上發現其實星座的預測不太準，但是多數人似乎多多少少都會相信星座。為什麼大家對星座那麼著迷呢？心理學常用**巴南效應**（Barnum effect）來解釋這個現象。

巴南是一個馬戲團團長，他曾經誇口說他的馬戲團裡，有適合每個人的東西，來看他的馬戲團表演，每個人都能看到自己想要的節目——喜歡刺激的人可以看到空中飛人、喜歡香豔的人可以看見美女跳舞、喜歡歡樂的可以看到小丑耍寶。

後來心理學家就用了「巴南效應」這個詞，來說明星座之所以讓人覺得準確，

---

32 McGrew, J. H., & McFall, R. M. (1990). A scientific inquiry into the validity of astrology. *Journal of Scientific Exploration*, 4(1), 75-83.

是因為它提供了每個人想看的東西。因為星座的描述常是一些模稜兩可、對每個人都適用的描述，人們很容易對號入座，所以才會覺得星座很準。

關於巴南效應，在心理學裡有一個經典的研究。研究者對三十九個心理系學生施測了一個心理測驗。過了一週後，將心理測驗的結果發給這些學生，並且問他們覺得這個測驗結果準不準？請他們從零分（完全不準）到五分（非常準確）去評分。結果多數人都覺得很準，他們平均覺得這測驗的準確度是四．三分——這相當於你看到一間餐廳的 Google 評價是四．三顆星，應該算蠻高的。

但是這研究最諷刺的地方在於，其實學生們拿到的並不是真的心理測驗結果，而是每一個學生都拿到一模一樣的句子。既然每個人拿到的都是一模一樣的描述，大家怎麼還會覺得很準？你可以看看表 4-1 的那些句子，那就是當時每一個學生都收到的描述。你覺得像不像你？

其實這些句子都是從占星術的書上摘述下來的。這些句子的特性是它們都很模稜兩可，可以適用於幾乎所有的人，於是人們很容易會對號入座，然後覺得這

表 4-1 巴南效應研究中使用的句子

1.	你非常需要其他人喜歡和欣賞你。
2.	你有批評自己的傾向。
3.	你有很多潛力，你尚未把它們轉化為你的優勢。
4.	雖然你有一些性格上的弱點，但你通常能夠彌補它們。
5.	你的性活動給你帶來了困擾。
6.	你外表看來自律和自我控制，內在則容易憂慮和缺乏安全感。
7.	有時你會懷疑自己是否做出了正確的決定或做了正確的事情。
8.	你喜歡一定程度的變化和多樣性，當受到限制時會覺得不滿意。
9.	你以自己能獨立思考而自豪，如果別人沒有足夠的證據，你不會接受他們的陳述。
10.	你發現過於坦率地向別人展示自己是不明智的。
11.	有時你外向、和藹可親、善於交際，而有時你內向、謹慎、保守。
12.	你的一些願望往往很不切實際。
13.	安全是你生活中的主要目標之一。

些句子「深得我心」。這些從占星術書上摘述下來的句子，就像巴南的馬戲團一樣，它提供大家同一套東西，但每個人卻都看到了自己想看見的東西。也因此很多人看到星座描述時，常會覺得：「好準！這就是在講我啊。」[33]

無語時更想問蒼天

另一個人們相信星座的原因，是因為它提供了一種精神上的寄託。很多人都曾有過，當生活過得不順利，感覺衰事連連時，決定要去廟裡拜拜，或是向上天禱告之類的經驗。在人們不順遂時，會更容易相信宗教及神祕經驗。所以，正面臨著一些人生瓶頸，像是離婚、失業的人，會更相信占星術。[34]

此外，當社會動盪不安時，人們也會對占星術更感興趣。第一次大戰戰敗後，德國簽署了《凡爾賽和約》。這個條約使得德國失去了一四%的領土、全部的海外殖民地和資產、超過一半的鐵礦和煤炭，還必須付出巨額賠款。[35] 經濟學家凱因斯（J. Keynes）還寫了一本《凡爾賽和約的經濟後果》，預言並且警告這個苛刻的條約將對歐洲經濟造衝擊，而他的預言一一成真。《凡爾賽和約》也間接地造成納粹掘起，成為第二次世界大戰的原因之一。由此可知《凡爾賽和約》的影響力有多大。

《凡爾賽和約》在當時造成德國可怕的經濟崩潰。在人們痛苦不堪的日子裡，星座似乎能帶給人安慰。研究就發現，在德國政治混亂、經濟崩盤的那段期間，當失業率衝高、薪資較低時，人們對占星術更感興趣。[36]

33 Forer, B. R. (1949). The fallacy of personal validation: a classroom demonstration of gullibility. *The Journal of Abnormal and Social Psychology*, 44(1), 118-143.。

34 Lillqvist, O., & Lindeman, M. (1998). Belief in astrology as a strategy for self-verification and coping with negative life-events. *European Psychologist*, 3(3), 202-208.

35 曹天元（2019）。量子物理史話。八方出版社。

36 Padgett, V. R., & Jorgenson, D. O. (1982). Superstition and economic threat: Germany, 1918-1940. *Personality and Social Psychology Bulletin*, 8(4), 736-741.

或許這是因為占星術能夠在人們愁苦時，帶給我們一種解釋和控制感。一方面，我們可以把自己的不幸歸因於都是命，至少這樣表示自己沒有做錯什麼，心理上會覺得安慰一些。另一方面，占星也會給我們一些建議，也許照著這些建議去做，自己的處境就能獲得改善，於是我們對自己的人生就多了一些控制感。

母儀天下不如三千寵愛集一身

總之，目前的研究發現，星座對人的預測似乎不太可靠。它撫慰人心的效果，可能更勝於實質能帶來的作用。但也許相信星座也沒什麼太大的壞處。因為它是一種成本低廉的自我瞭解方式。

畢竟星座老師們給的一些提點，內容簡單，多數人都可以看得懂，而且讀起來也還算蠻有趣的；絕不會像科學家講的東西，看起來雖然很有學問，但是讀起來非常費力（希望這本書沒有這樣）。所以用星座來自我瞭解，成本代價真的很低。比起用科學的方法來瞭解自己，相信星座實在輕鬆很多。這也是為什麼大家那麼愛星座，對科學卻敬而遠之的原因。

如果只是生活消遣，相信星座其實無妨；但是如果要做正確決定，就不能太依賴星座，這時科學應該還是厲害一些。科學就像是古代的皇后，母儀天下、地位崇高，但是皇上喜歡的常常不是正宮，而是後宮嬪妃；而星座，可能就是三千佳麗中備受寵愛的那個了。

第三篇

解答人生困惑

07 教養的迷思：遺傳和環境 PK 誰是贏家？

就算你沒有讀過金庸的小說，也一定聽過他的名字。金庸常常在小說裡讓歷史上的真實人物登場，像是只要讀過《鹿鼎記》就能朗朗上口的那句：「平生不識陳近南，便稱英雄也枉然。」那個陳近南就是鄭成功的兒子鄭經的左右手陳永華，他不只是天地會的老大，還在當時官拜相當於現今的行政院長。

《鹿鼎記》另外有一個人物查伊璜也是真有其人，而且還是金庸的先祖。金庸出身自一個非常顯赫的家族，他們家族曾有一個超級厲害的稱號：「一門七進士，叔侄五翰林」。簡單來說，就是一家都是學霸。這樣的例子你一定不陌生，一家人都超會讀書、一家人都是醫生教授、甚至一家人都是流氓。

另一個有名的例子則是音樂家巴哈。如果我問：「你有聽過巴哈這個音樂家嗎？」你可能會說有聽過，但其實這答案不對，你應該要反過來問我：「你是說哪一個巴哈？」因為巴哈家族三百多年來總共出過五十二個音樂家，每個都叫巴哈，而且這些巴哈有很多在當時都是馬友友等級的音樂家。[37]

像這樣一家人都成就非凡的例子，在我們的生活中並不少見。當你看到一家人都是學霸、一家人都是音樂家時，你會怎麼想？怎麼剛好他們家的人都那麼厲害？是他們的遺傳基因特別好，還是他們從小在環境中耳濡目染？也就是說，我們今天具有這樣的性格、能力、興趣，是先天遺傳的影響大，或是後天環境的影響大？

小亞柏特與華生

很多家長在幫孩子找幼兒園時，會貨比三家，到處看看哪間學校好，然後發現很多學校都標榜他們可以「讓你的孩子贏在起跑點上」。真的嗎？老師，我家的孩子智商看起來不太高耶，這樣讀你們學校也能跑得比別人快嗎？「贏在起跑點上」背後有一種想法：環境的影響力很大；只要環境夠好，就算孩子先天的條件不好，也能克服。

多數心理學家都不會否認環境的影響力。甚至有心理學家還非常極端，像是知名的心理學家華生（John Watson），就講過一段名言：

「給我一打健康的嬰兒，讓我在一個特定的環境中撫養他們長大。隨機選出一個，我保證可以把他訓練成為任何一種專家——醫生、律師、藝術家、商人，甚至是乞丐或小偷；無論他天生的才能、嗜好、傾向、能力，以及家世背景如何。」[38]

如果根據華生這個說法，像本書作者這種風一吹就倒的弱雞，在華生的調教之下，應該也能打NBA。而金庸筆下的「俠之大者」郭靖，如果從小就讓心地歹毒的歐陽鋒扶養，長大後應該會變成「惡之大者」。你相信華生這種極端環境論的說法嗎？

---

37 百度百科，「巴赫家族」詞條。

38 Watson, J. B. (1958/1924). *Behaviorism* (revised ed.). University of Chicago Press.

華生曾經做過一個經典但是很有爭議的研究。他在一個九個月大，叫作小亞伯特（Little Albert）的嬰兒旁放了一隻小白鼠，一開始小亞伯特並不會怕小白鼠，還會開心地和牠玩。但是後來每次小亞伯特靠近小白鼠時，華生就敲擊金屬製造出很大的聲響，小亞伯特就被嚇哭了。只要靠近小白鼠，就會出現很大的聲響。

這樣重複很多次之後，小亞伯特開始對小白鼠感到害怕。而且久而久之，小亞伯特不只害怕小白鼠，它對其他毛茸茸的東西，像是兔子、狗、甚至是戴著白鬍鬚裝扮成聖誕老人的人，都會感到恐懼。華生藉由這個實驗去說明，不管孩子天生的特質傾向如何，我們都可以利用環境去把他塑造成某一種樣子。

有些科學家很殘酷

這邊你可以看到，有時科學家為了向世人證明自己是對的，會做出殘忍的事。如果你看過電影《電流大戰》，就會知道愛迪生為了要證明他的對手特斯拉的交流電很危險，不惜公開電死馬、大象、黑猩猩等動物。而且據說後來用來執行死刑的電椅，也是愛迪生發明的；這個發明同樣是為了證明直流電比較安全，交流電可以把人電死。

雖然華生的研究某種程度證明了成長環境對人的影響很大，但這研究很不道德。不過現在對研究道德的要求很高，也有很健全的監督機制，所以像華生那樣的實驗是不太可能再發生的。

總之，環境對人有很大的影響力，這一點很多人可能都同意。但這是真的嗎？一個音痴如果從小生長在巴哈的家庭，也可以變成馬友友嗎？而像巴哈（最有名的那個「約翰巴哈」）這樣的音樂奇才，如果生在流氓家庭，最後也會成為某個堂口的老大嗎？環境的力量能壓過遺傳基因的力量嗎？

環境與遺傳的PK

其實類似華生這樣的研究，並沒有辦法真的告訴我們環境的影響力。小朋友因為被很大的聲響嚇到，久而久之連帶地害怕小白鼠；有沒有可能這其實是遺傳問題？或許這個小朋友是像《哆啦a夢》裡的大雄一樣，天生就是膽小鬼，很容易受驚嚇。如果華生拿來做研究的對象是胖虎，可能弄了半天，也會發現那個小朋友不太怕小白鼠，或是就算怕小白鼠，過一兩天也就忘了，不致於最後連兔子或聖誕老人的白鬍子都怕。我們很難分出，到底小朋友的害怕，是因為華生塑造了環境的關係，還是因為那位小朋友天生就遺傳了膽小的特質。

要弄清楚遺傳和環境哪一個影響大，非常難；因為這兩件事總是交織在一起，就像你喝了一杯好喝的檸檬紅茶，你很難精確地知道檸檬和紅茶對味道各自有多少貢獻。後來心理學家想到了一個可以弄清楚遺傳和環境誰比較強的辦法——研究從小被分開扶養的雙胞胎。

想像一下，其實你有一個雙胞胎兄弟或姐妹。你們倆從小就被不同的家庭扶養，在不同的環境中長大。長大之後偶然相遇，你覺得你們會有多像？如果你發現你們的興趣嗜好相同、在學校時喜歡的科目相同、愛喝同一款飲料、愛吃同一種食物、喜歡同一類型的伴侶，這時你會有什麼感受？你一定會覺得遺傳的力量實在太強大了；就算把你們兩人從小分開養，長大後竟然還能這麼像。

雙胞胎研究

於是心理學家就找了一些從小被分開扶養，在不同家庭成長的雙胞胎，看看他們長大後會有多像。[39] 其中有一對雙胞胎因為有著驚人的相似性，而常被報

39 Bouchard Jr, T. J., Lykken, D. T., McGue, M., Segal, N. L., & Tellegen, A. (1990). Sources of human psychological differences: The Minnesota study of twins reared apart. *Science*, 250(4978), 223-228.

導。他們出生後就被不同家庭領養，彼此一直到三十九歲之前都沒有見過面。長大後的他們在很多方面都很像。兩人都對機械和木工感興趣；求學時都最喜歡數學，最不喜歡拼寫；他們抽菸和喝酒的模式很像；都接受過執法訓練，兼職擔任副警長。這還沒什麼，接下來的最離奇：他們小時候都養過一隻小狗叫作Toy、他們的前妻名字都叫作琳達、第二任妻子都叫作貝蒂、都把一個兒子取名叫作艾倫。

這結果讓我這自詡信奉科學的人都懷疑世界上有神祕現象。不過，大家也別因此覺得人生都是基因決定的，以後不要再努力了。因為這是一個很極端的例子，絕大部分的雙胞胎並沒有相像到這種神奇的地步。再者關於這對雙胞胎的故事，最早是出自《華盛頓郵報》[40]和《紐約時報》[41]這兩份報紙，雖然以前的媒體平均素質和良心應該比現在好，但是這對雙胞胎的相似性應該也有被誇大的嫌疑。

總之，藉由上面這種雙胞胎研究的結果發現，最受到遺傳影響的是智力。遺傳對智力的影響力大約是七成；所以你有多聰明這件事和先天遺傳的關係比較大。而人的個性，遺傳和環境的影響力大約各是一半一半；所以你的脾氣好壞、個性內向或外向，遺傳和環境所造成的影響是差不多的。至於興趣，則是環境的影響力較大，占了大約六成；所以你現在正津津有味地讀這本書，或是想把這本書拿去賣掉（千萬不要啊），這件事和後天環境的影響比較有關。[42]

你可以看一下圖 7-1，對遺傳和環境的影響力會更容易理解。因此，雖然遺傳有蠻大的影響力，但環境的力量似乎也不算太小。人生還是有希望的，只要你後天肯努力，還是有機會克服先天不足的限制。[43]

40 Arthur Allen, The Washington Post (Jan. 11, 1998).

41 Edwin Chen, The New York Times (Dec. 9, 1979).

42 Bouchard Jr, T. J., Lykken, D. T., McGue, M., Segal, N. L., & Tellegen, A. (1990). Sources of human psychological differences: The Minnesota study of twins reared apart. *Science*, 250(4978), 223-228.

43 這種分開扶養的雙胞胎研究，把兩人長大後的相同性完全歸因於遺傳；但其實兩人的環境不可能百分之百不同，所以兩人的相同也多少受環境影響。遺傳的效果應該還會比本文中所呈現的更低一些。

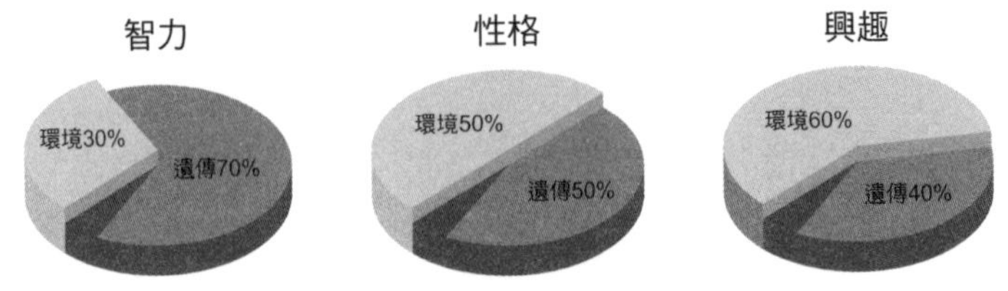

圖 7-1 遺傳和環境的影響力

心理學家還是不知道該怎麼辦

既然環境的影響力不小，這表示我們可以想辦法讓孩子有更好的環境、受更好的教育，來幫助他們成長。這聽起來不錯，但是問題在於我們並不確定怎樣的教育對孩子是好的。這邊你可能會覺得：怎麼可能，坊間不是流傳著很多ＸＸ教育法、○○教學法，還有一大堆跟教育有關的研究，我們怎麼會不確定怎樣的教育比較好呢？這有幾個原因。

首先，多數關於「ＸＸ教育比較好」這類主張的科學證據其實都不強。前面提到華生的研究，為了科學研究而任意對小朋友做那些事，你應該不會贊成吧？心理學家做研究必須符合道德，不能任意對待研究對象。自然科學家可以拿鐵錘敲敲石頭，看會發生什麼事；但是心理學家不能拿棍子去打孩子，看會對孩子造成什麼影響。所以一些像是「體罰對孩子會不會有負面影響」，或是很多我們所關心的教養議題，要做研究去弄清楚這些事非常困難。

倒不是說心理學家不知道該如何去做這種研究，而是他們不能做——因為心理學家在做研究時有很多道德限制，這使得他們常常不能用嚴格的科學方法去做研究。所以很多看似簡單直接的問題，心理學家卻對它們沒有確切的答案。

如果有某些專家言之鑿鑿地跟你宣稱，有證據支持某種教育法比較好，那可能都過度誇大了。相信「XX教育比較好」，就像相信各式各樣的健康食品一樣，吃了有些安慰，但實際效果如何沒有人知道。

專家的話不能盲目相信

再者，一些歷史經驗告訴我們，在某一個時代被當作金科玉律的教養方式，在另外一個時代可能會覺得離奇。例如，華生給他那個時代的父母的建議是：

「絕對不要擁抱親吻你的孩子，也不要讓他們坐在你的大腿上。只能在和他們說晚安的時候，親一下額頭。至於早上碰面，則是和他們握手就好。」[44]

華生之所以會給家長們這些建議，是因為在那個時代（大約一百年前），心理學家認為小孩只是身體比較小的大人，他們不覺得小孩和大人在本質上有什麼不同，所以華生才告訴父母要用對待「小大人」的方式來對待孩子。現在的人看到這種教養建議多半會覺得不可思議，但是這在當時卻是一種心理學的主流觀點。那個時代有許多家長將這類建議奉為圭臬，就像我們現在相信一些專家一樣。

你可能覺得：「華生的教養建議已經是一百年前的了，現在我們對於該如何教養小孩的知識已經更加進步了！」這……我不是那麼有把握。就像前面說的，由於心理學研究受限於一些道德限制，沒辦法用最好的科學方法去對孩子做研究，因此某種教育方法是否真的好，心理學目前多半無法提供確切的證據。與其說專家知道某種教育方法比較好，不如說他們「相信」某種教育方法比較好，就像華生當時相信他說的教育方法是對的一樣。

至於你要不要相信專家們的相信，就是個人的選擇了。不過，我可以很確定的一點是，如同我們現在看一百年前華生的教養觀念很離奇，一百年後的人回頭看我們現在的教養方式，可能也會覺得難以理解。

瞭解孩子比較重要

其實相信有某一種教養方式放諸四海而皆準，這本身就不太合理。如果我說這世上有一種必勝的把妹方式，你一定覺得我在鬼扯。每個女孩都不一樣，有人喜歡甜言蜜語、有人喜歡踏踏實實；有人愛浪漫的花、有人覺得錢比較實在。不

44 Watson, J. B. (1928). *Psychological care of infant and child*. W. W. Norton & Company.

太可能有一種追求方式是對每個女生都適用的。同樣地，每一個小孩的能力和個性都不同，怎麼會有一種教養方式適用於所有孩子？

關於教養這件事，目前心理學能給出的確切答案比我們想像中少。一個比較有共識的觀點是：遺傳決定了發展的上下限，環境決定了一個人在這上下限中的位置。例如，如果愛因斯坦和居禮夫人結婚，這兩個得過諾貝爾獎的人的孩子應該比一般小孩更聰明；孩子先天遺傳的智力上下限可能會在一二〇到一五〇之間。接下來孩子在什麼樣的環境中長大，會決定他智力的高低。

如果給這孩子非常好的環境，他的智商最高可以達到一五〇，但不會再上去了，這是他的發展上限；而就算這孩子不幸在很差的環境中長大，他的智商也不會低於一二〇，這是他的

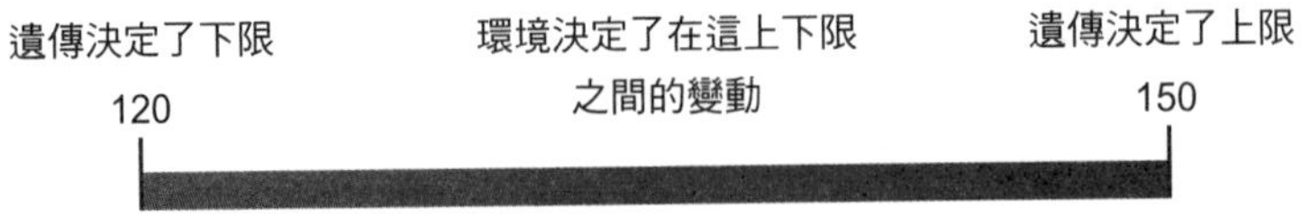

圖 7-2 遺傳和環境對人的影響

發展下限。這就是「遺傳決定了發展的上下限，環境決定了一個人在這上下限中的位置」的意思。你可以看看圖 7-2，應該更能明白這個意思。

不只是智力，一個人的性格、興趣也都受到遺傳的限制，而環境的力量則在這個限制範圍中發揮作用。所以或許教養的重點應該是瞭解孩子，而不是片面地只相信某種教養方式一定最好。你孩子的特性是什麼？他的上下限在哪裡？有了這些瞭解，才有可能選擇適合他的教育。這應該比執著於相信某一種教育法最好，來得更加重要。

08 童年的考驗：三歲時就能夠看出人的一生嗎？

我們都聽過一些偉人，小時候有一些神奇、勵志的故事。本書作者小時候就讀過以下故事：蔣介石小時候在河邊看到魚幾次都被水沖下來，但還是努力向上游，於是體悟出：「小魚都有這麼大的勇氣，我們做人，能不如小魚嗎？」

中國宋朝宰相、寫出《資治通鑑》的司馬光，小時候看到朋友摔進大水缸中，眼看就快要淹死了，他急中生智，抱起一塊大石頭，砸破水缸，把人救了出來。

還有一個大家一定耳熟能詳的故事，美國開國者華盛頓小時候為了試試斧頭夠不夠利，砍倒了一顆珍貴的櫻桃樹，在他爸爸大為震怒時，他誠實而勇敢地承認：「爸爸，樹是我砍的」。

其實最後這一件事，做錯事時勇敢承認，我小時候也做過。只是華盛頓的結局是爸爸欣慰地抱著他說：「好孩子，好孩子，你真個誠實的好孩子。」而我的結局則是被爸爸痛打一頓，然後說：「看你下次還敢不敢。」也難怪後來華盛頓成為偉人，我沒有。

上面這些故事，都有一種暗示：一個人的成功是有跡可循的，觀察一個人小時候的某些行為，就可以看出這孩子長大後爭不爭氣、會不會有成就。也就是所謂的「三歲看一生」。

棉花糖實驗

關於「三歲看一生」這件事，心理學中最有名的一系列研究，就是「棉花糖實驗」（marshmallow experiment）。這類研究主要是在談**延遲享樂**（delay of gratification）現象；簡單來說，就是人是否能不貪圖眼前的享受，忍耐一段時間，來獲得未來可能更多的好處。

這種「延遲享樂」的例子，在生活中隨處可見。例如，當朋友約你出遊時，你會跟著大家一起去吃喝玩樂、享受人生，還是拒絕誘惑、用功讀書，期待現在的努力，能在將來帶來更加甜美的果實？或是當你發現你的股票獲利了幾萬塊，你會立刻賣掉，賺取眼前這立即可得的利潤，還是願意等待幾個月來獲得更高的利潤？甚至是吃平價牛排時，可能都反映了人們延遲享樂的能力：當牛排端上來時，你會先把美味的牛排吃掉，還是先吃墊在下面的鐵板麵，把最好吃的食物留到最後才享用？

棉花糖實驗就是在研究上面說的這種延遲享樂的能力。實驗者找了一群三到五歲的小朋友，問他們棉花糖和椒鹽捲餅（pretzel）這兩種零食，他們比較喜歡哪一種。小朋友做了選擇之後，如果能夠延遲享樂，他就可以吃到喜歡的食物。

例如，假使大雄一開始說，他比較喜歡吃棉花糖；研究者就告訴大雄：「我現在出去一下，如果你耐心地等我回來，我就給你吃你喜歡的棉花糖。但是如果你等得不耐煩，這邊有個鈴，你可以搖鈴叫我回來。不過你叫我回來，就不能吃棉花糖，只能吃你比較不喜歡的椒鹽捲餅。」簡單來說，就是耐心等待的小朋友可以吃到自己喜歡的零食，急著想吃的小朋友只能吃自己比較不喜歡的東西。[45]

大家都忘了椒鹽捲餅

如果你聽過棉花糖實驗，可能會發現，上面說的這個實驗過程，和坊間流傳的棉花糖實驗不太一樣。比較廣為流傳的版本是，一開始大人給小朋友一個棉花糖，如果他願意耐心等待，就能得到第二顆棉花糖。其實在真正的實驗中，並沒有第二顆棉花糖，而是小朋友會吃到棉花糖或椒鹽捲餅其中一種零食。[46]不過，耐心等待就可以得到第二顆糖這種說法比較好理解，聽起來又比較厲害，所以最後就流傳成這樣了。

此外，在這個實驗中，也不是每位小朋友都吃到棉花糖，有些小朋友最後是吃到椒鹽捲餅。但是「棉花糖實驗」聽起來的確比「椒鹽捲餅實驗」可愛一些，可能是因為這樣，所以大家後來都叫這系列研究為「棉花糖實驗」。

三歲看一生是真的嗎？

其實一開始棉花糖實驗並不是在談什麼很炫的事，它主要是在研究有哪些方法可以讓小朋友更能延遲享樂。例如，「給小朋友玩具，有助於他們耐心等待嗎？」「請小朋友在腦海中想像一些有趣的事，他們可以撐得比較久嗎？」這一類的問題。如果這研究到這邊就結束了，那麼棉花糖實驗就不會那麼被大家廣為流傳了，因為這樣的研究聽起來很普通，甚至有些無趣。

棉花糖實驗之所以那麼出名，是因為後來發現，小時候的延遲享樂竟然可以預測十年後的學業成績。研究者在大約十年後，蒐集當初參加棉花糖實驗的小朋

45 Mischel, W., Ebbesen, E. B., & Raskoff Zeiss, A. (1972). Cognitive and attentional mechanisms in delay of gratification. *Journal of Personality and Social Psychology*, 21(2), 204-218.

46 這個誤解應該是因為後續 Shoda, Y., Mischel, W., & Peake, P. K. (1990) 的論文中曾出現「one or two marshmallows」這個說法的關係。出處見下註。

友長大後的學業成績，結果發現小時候在棉花糖實驗中能延遲享樂的人，長大後的學業表現比較好。[47]

這樣的研究結果，成為很多教育專家、親子課程的好題材；果然蔣公、司馬光和華盛頓的故事不是騙人的啊，古人說「三歲定八十」果然有道理。於是「小時候能忍受誘惑的小朋友，長大後才會有成就」、「培養孩子的意志力很重要」這類的教養觀念不脛而走、廣為流傳，而棉花糖實驗則被視為這種教育理念的強力佐證和科學證據。

其實只是一場誤會

但是，其實上面這個廣為流傳的「科學證據」是不正確的；小時候的延遲享樂和長大後的學業成績沒有什麼太大的關係。在那篇讓棉花糖實驗一炮而紅的論文中，作者從來沒有直接說過「小時候的延遲享樂和長大後的學業成績有關」這類的話。為什麼呢？因為在他們的分析裡面，並沒有發現很強力的證據支持這樣的觀點。

其實關於這件事，那篇論文總共做了四個分析，結果只有一個分析支持「延遲享樂的孩子長大後成績比較好」。另外三個分析非但不支持，甚至發現延遲享樂的效果是負向的——也就是說，越是延遲享樂的小朋友，長大後的成績越差。如果以前面華盛頓的例子來說，這相當於在講，小時候誠實的小朋友，長大後不會有出息；從小就知道要說謊的小朋友，長大後才會比較有成就。這真的很不勵志，不過看看政治人物的樣子，好像有幾分道理耶。

棉花糖實驗的論文中，做了四個分析，結果只有一個分析支持「延遲享樂的孩子長大後成績比較好」，另外三個分析不但不支持，還得到相反的結果；但是

47 Shoda, Y., Mischel, W., & Peake, P. K. (1990). Predicting adolescent cognitive and self-regulatory competencies from preschool delay of gratification: Identifying diagnostic conditions. *Developmental Psychology*, 26(6), 978-986.

最後大家都忘了那三個反面的證據。如果以審判來比喻，棉花糖實驗就像是有四個陪審員在審判一個嫌疑犯，投票的時候只有一個陪審員認為這個人無罪，另外三個陪審員認為他有罪，結果這個人竟然被無罪釋放了，而且出了法庭之後還被民眾當作英雄歡迎，四處宣揚他的事蹟。

在棉花糖實驗的研究結果裡，「延遲享樂的孩子長大後成績比較好」的證據很薄弱，甚至有更多證據顯示相反的結果，但是後來這件事卻被一再流傳。在我們生活中類似這樣的例子不少，我們以為真實而且廣為流傳的科學知識，其實只是流言；如果仔細去探究常常會發現它們是沒有根據的。它一開始可能只是對某個研究的斷章取義，或是出自某個記者之手，甚至只是網紅的幾句話。但是大家愛聽，所以就相信並且流傳它了。

環境很重要

除了上面這個出人意料的反面教材研究結果之外，後來還有研究進一步發現，就算延遲享樂真的可以預測小朋友十年後的學業表現，這效果也可能和延遲享樂沒什麼關係，反而是小朋友的家庭背景可能更重要。[48]

如果把小朋友的家庭背景、社經條件也納入分析（如家長教育程度、家庭收入等）會發現，小時候的延遲享樂對於十年後學業成績的預測力變得非常微弱。這意思是說，和小時候能不能延遲享樂比起來，孩子成長在什麼樣的環境，對長大後的成績表現影響可能更大。

仔細想想，前面說的「成長環境很重要」，這件事應該一點也不讓人意外。

48 Watts, T. W., Duncan, G. J., & Quan, H. (2018). Revisiting the marshmallow test: A conceptual replication investigating links between early delay of gratification and later outcomes. *Psychological Science*, 29(7), 1159-1177.

有一篇分析「誰是台大學生」的論文就發現，台大的學生來自雙北的比例占了將近五〇%；等於你走在台大校園隨便遇見兩個人，就有一個可能是住在雙北。而你要在台大遇到來自台東的學生則困難許多；你每遇見一百個台大學生，都還不一定能和一個台東人打到照面——台大學生中，來自台東的占不到一%。

此外，最特別的是，台大學生有將近一半來自雙北也就算了，光是台北市的大安區，這個全台灣房價最貴的區域，就包辦了台大六%的學生。也就是說，你在台大校園遇見的一百個學生中，也許遇不到一個來自台東的人，但卻可能會遇到六個來自大安區的人。49

孟母為什麼要三遷？

大安區孩子上台大的比例那麼高，有很多可能因素，而其中一個因素應該和那邊的住民社經地位比較高有關。這些孩子從小就生活在比較優渥的環境，也享有更多的教育資源，所以長大後的學業表現比較好，也不讓人意外。

也難怪會有孟母三遷的故事。「孟子生有淑質，幼被慈母三遷之教。」「為教其子，三遷其居，卒使孟軻成大儒之名。」據說孟子本來家住墳墓旁，孟子因而有模有樣地模仿大人在那邊又哭又跪，燒紙錢、辦喪事，孟母覺得這樣不行，就搬到市場旁。孟子在市場又耳濡目染，開始學商販們打躬哈腰、攬客叫賣，孟母覺得不好就再搬家。這次搬到學校旁邊，環境不錯，於是孟子才好好讀書，最後成為一代大儒。

而這故事一個很有趣的地方是，孟家的前兩個地點，墳墓、市場都是現代居住的嫌惡設施，意思是這些設施會讓你家房子掉房價、比較沒人要買。可見古往今來大家不想住的地方都差不多。

49 駱明慶（2018）。誰是台大學生？（2001-2014）——多元入學的影響。經濟論文叢刊，46(1)，47-95。

孟母三遷的故事不知是真是假。不過，如果以「誰是台大學生」的研究來比喻，孟母當時應該是想努力要搬到大安區去住，讓孟子能贏在起跑點上。不過我們也可猜想，要嘛就是當時房價比較便宜，再不然就是孟家很有錢，否則要一路搬家搬到大安區去，真的不是那麼容易。本書作者很確定自己這輩子應該都搬不過去，如果要硬拚，大安區的頂樓加蓋可能還有一些機會。

總之，後續的研究發現，其實小時候能不能忍住不貪吃，和長大後的學業成績關係不大。孩子成長的家庭環境、社經地位如何，可能扮演著更重要的角色。

一切都是驗證偏誤

透過本章，你應該可以知道，關於傳說中的棉花糖實驗，人們真的有很多誤解，其實它不像大家流傳的那麼神奇。小時候能不能忍住誘惑不貪吃，這種延遲享樂的能力，和長大後的表現並沒有太大的關係。小時候在實驗中那十五分鐘的意志力表現，對人生影響沒那麼大。

棉花糖實驗之所以流傳那麼廣，甚至常常見到對這實驗有很多斷章取義的錯誤描述，都和人們的**驗證偏誤**（confirmation bias）有關。所謂驗證偏誤是指：人們總是只聽見自己想聽的話，只看到自己想看的東西；對不符合自己預期的事加以扭曲或視而不見。

即使是科學家也是如此。有很長一段時間物理學家們相信，宇宙中有一種叫作「以太」的無形物質，包含鼎鼎大名的牛頓都這樣認為。大家都知道愛因斯坦提出很厲害的相對論，其實在愛因斯坦之前已經有別的科學家很接近相對論了，不過他們終究沒有發現這樣一個深刻的理論，就是因為他們不願意放棄「以太」這個想法。[50] 最優秀的科學家尚如此被驗證偏誤所耽誤，何況是一般人。

「願意延遲享樂的小朋友，長大後表現更好」、「小時候是否有不受誘惑的

50 汪潔（2017）。時間的形狀：相對論史論。經濟新潮社。

能力，會決定一個人長大後有沒有成就」，類似這樣的論點對多數人來說很簡潔明瞭，也很符合我們對教育的期望和想像。久而久之，人們就只撿取這些不實的訊息，然後以訛傳訛，甚至被用來作為宣傳教育理念的證據了。

其實類似棉花糖實驗這樣的研究傳聞，要判斷真假並不難；你只要不盲目相信，停下來想想：「只是觀察一個小朋友十五分鐘，就能讓我們預測他十年後的表現」，這件事合理嗎？有這麼神奇嗎？是真是假自然就呼之欲出了。

09 男女的差異：演化怎麼讓男女不同？

我們都知道有一種說法是，上帝用男人的肋骨造了女人，但其實這件事比一般人的理解還要複雜一些。

《聖經》〈創世記〉的第一章說：「神就照著自己的形像造人，乃是照著祂的形像『造男造女』……」咦？怎麼一開始上帝就造了男人和女人？不是先有男人，然後用肋骨造了女人嗎？到了〈創世記〉第二章，我們熟知的肋骨劇情才出現：「耶和華神說：那人獨居不好，我要為他造一個配偶幫助他……耶和華神就用那人身上所取的肋骨造成一個女人，領她到那人跟前。那人說：這是我骨中的骨，肉中的肉，可以稱他為女人，因為她是從男人身上取出來的。」

如果以一般的邏輯來看，這兩段經文似乎前後不一致。因為前面說上帝一開始就「造男造女（兩個人）」，但是後來卻又說「從那（一個）人」身上取了肋骨造了女人。

關於這件事，有一種解釋是，上帝一開始的確只造了一個人，而這個人是雌雄同體的。所以《聖經》上一開始說的「造男造女」指的並不是造兩個人，而是造了一個雌雄同體的人。後來上帝覺得那人獨自活在世上很寂寞，就從那人身上拿出肋骨造了女人。所以其實女人並不是用男人的肋骨造的，而是取出了陰陽人的女性部分，留下男性部分。

有一個很能支持這個說法的證據是，我們所熟知的第一個男人的名字亞當（Adam），在希伯來文中就是「人」的意思，所以亞當是第一個人，不是第一個男人；而女性是「那人」的肋骨造的，不是男人的肋骨造的。

無論如何，上帝造人的故事告訴我們，這世界創造之初，人就被分成了兩種：男人和女人。雖然並不是每個人都是上帝的信徒，不過我們很難否認男人和女人的確有很大的差異。

男女大（腦）不同

首先在生理上，男人和女人就有很大的不同，除了生殖系統、體型大小的差異，還有一個很明顯的差異是大腦結構。[51] 人類的大腦大約是一千兩百平方公分，如果你有一千兩百毫升的水瓶，裡面裝的水的體積就差不多和你的大腦一樣。而這其中，男生的大腦在體積和重量上都比女生大，多了大約一〇%。

不過女生的大腦比較小，純粹是就體積而言，和聰不聰明無關。很多研究都指出腦的大小和智力是無關的。而且，歷史上只有一個人曾經獲得諾貝爾物理學獎，又再得到諾貝爾化學獎，就是居禮夫人。她完全適用於名偵探柯南每次開場的那句：「身體雖然變小了，但腦袋還是一樣聰明。」就算大腦體積小，還是可能很聰明。

51 以下整理自 Zaidi, Z. F. (2010). Gender differences in human brain: a review. *The Open Anatomy Journal*, 2(1), 37-55.

除了大小之外，男女在大腦的結構上也有些不同。女生的額葉和內側旁邊緣皮質比較大，男性則是在額內側皮質、杏仁核和下視丘的體積更大……算了，我相信沒有人想知道這些，連我這個作者看了也都覺得頭暈。總之，就是男女大腦的結構真的有些不一樣。

而這種大腦結構上的差異，似乎也反應了我們對男女差異的某些既定（但未必正確的）印象。例如，女人在一些和語言處理有關的大腦結構上，比男人來得大，而一般人似乎也覺得女人比較愛講話。

除了結構不同之外，男女的大腦在運作上似乎也不太一樣，大腦是區分左右半腦的，就像西瓜被從中間剖成兩半一樣。有些研究就發現，在處理情緒時，男人傾向於只使用右腦，而女人則是兩個腦同時使用，這可能使得男人在處理情緒上沒辦法處理得像女人那麼好。

大腦是個宇宙

雖然現在關於人類大腦有許多研究，但是我在寫上面那一段時的想法是，寫得越少越好，多寫可能會多錯；因為目前我們關於人類大腦能確實說出的正確結論並不多。

人腦非常複雜，有數百億甚至上千億個神經元，這個數量有多大呢？這相當於宇宙所有星系的數量。也就是說，你腦中有著和全宇宙星系加起來一樣多的神經元。所以有些人認為，人類的大腦就是一個宇宙。而宇宙有多大呢？〈創世紀〉寫道：「神說：要有光，就有了光。」如果當初上帝是在宇宙的中心創造了光，那麼那道光從宇宙的中心到達宇宙的邊緣，需要花超過四百億年。連光都要跑四百億年，宇宙真的是大得令人難以想像。目前已知宇宙的年齡是一百三十七億年，所以上帝當初創造的那道光，到現在還在路上，還沒到達宇宙的邊緣。

宇宙就是這樣一個無比龐大而複雜的結構，而你的腦袋中就裝著一個類似這樣複雜的結構。所以，大腦非常複雜，要搞懂它沒那麼簡單。我們現在能確定的大概只有男女的大腦結構不太一樣，至於這個不一樣和我們在生活中所看到的各種性別差異有什麼關係？其實我們不算很清楚。

狩獵與採集

有些心理學家認為我們現在的很多行為，都是從遠古時人類在適應環境的過程中演變而來的。例如，很多人類社會都是父權社會，由男人掌權，女人只是配角。中國歷史上有超過四百位皇帝，而其中只出現過一位真正的女皇帝武則天。即使現在兩性比以前平權了，但是二〇二一年全球五百大企業中，也只有四十一個女性CEO，大約每十二個大老闆才會有一個是女生。

演化心理學認為這種男性掌權的社會型態，和女人「懷孕」這個機制有關。因為在遠古時期，人們以狩獵為生，而女人一旦懷孕就無法參與狩獵，獵物是誰打回來的，就由誰來分配，女人失去了分配獵物的權力，只能看男人的臉色過日子。於是父權社會就這樣形成了。

懷孕後的女人雖然不能打獵，但是她們用另外一種方式去幫忙張羅食物，就是去採果子。這又讓有些學者認為現在兩性的很多差異，是因為過去男人「狩獵」、女人「採集」的分工所造成的。

以逛街為例，女人比男人更愛逛街、更能從挑三撿四中獲得快樂（就像在到處挑果子），而且在從事這些活動時更愛社交、喜歡和別人互動聊天（一群人邊採果子邊話家常），女人也更能從手指的觸感中得到快樂，所以逛街時會摸看看衣服質料如何（摸看看果子有沒有熟）。

男人則幾乎和女人相反，他們不喜歡逛街，買東西非常目標導向，希望買了就走（看準獵物後，給予致命一擊），而且逛街時不喜歡和人互動、話也少（躲在草叢裡狩獵必須保持安靜）。[52]所以從演化的觀點來看，兩性的一些差異似乎和過去的狩獵和採集行為有些一致。

外貌與外貿

另外，演化也常常被用來解釋男女生在找伴侶時的差異。演化論的基本想法是，這世上所有的生物活下去只有一個目的，就是要讓基因能夠傳遞給下一代。你用功讀書、努力賺錢、好好吃飯、盡情做愛，這一切都是為了讓自己有更高的機會傳遞基因。

有人甚至認為我們很像是某種機器人，基因才是這副身體的真正主人，它坐在我們體內的駕駛座上，操控著我們去傳遞基因。[53]用現在的話語來說，我們都只是基因的「工具人」。那麼要怎樣才能把自己的基因傳遞下去呢？這件事男人和女人是不一樣的。

在現實中，我們可能會觀察到一個現象，男人喜歡長得好看、身材火辣的女人，而女人雖然也會迷戀韓系花美男，但到了真的要決定嫁給誰時，長相並不是主要考量因素，對方有多少錢才是更重要的考慮。所以很多女明星都嫁入豪門，而她們的老公長得不一定帥；男明星則大多是娶身形曼妙的美女，他們的老婆不必有錢。

有一個針對三十三個國家的調查研究就發現，男人擇偶時很在意外貌，女人則更在意對方的經濟條件。這種男人是「外貌協會」、女人是「外貿協會」的差異，似乎舉世皆然。[54]

為什麼男人和女人在擇偶時考慮的事情會不一樣呢？這也和傳遞基因這件事有關。男人喜歡外貌好看的女生，是因為這通常表示她們比較年輕健康，更容易受孕，有利於基因的傳遞。此外，男人為了傳遞基因所付出的代價非常少，授精

52 Dennis, C., Brakus, J. J., Ferrer, G. G., McIntyre, C., Alamanos, E., & King, T. (2018). A cross-national study of evolutionary origins of gender shopping styles: she gatherer, he hunter?. *Journal of International Marketing*, 26(4), 38-53.

53 Dawkins, R. (2020). 自私的基因（新版）（趙淑妙譯）。天下文化。

54 Buss, D. M. (1989). Sex differences in human mate preferences: Evolutionary hypotheses tested in 37 cultures. *Behavioral and Brain Sciences*, 12(1), 1-14.

之後就沒有他的事了；而女人則是要付出很高的代價，一旦受孕，她們必須懷胎十月，她們不像男人可以到處播種，女人每十個月只有一次機會去傳遞基因。因此女人擇偶時會更謹慎；長得帥是沒用的，最重要的是那個男人要讓孩子生下來以後，有足夠的資源可以成長，這樣才能確保基因可以傳遞下去。所以女人更傾向選擇富有的男人當作結婚對象。[55]

渣男是有演化基礎的

此外，演化論也認為男人喜歡拈花惹草這件事，和傳遞基因的本能有關。由於男人授精的代價很低，所以他會想要跟很多女人交媾，因為和越多女人發生關係，傳遞基因的可能性越高。所以渣男是有演化基礎的。而女人不管和多少男人發生關係，都只有十月一胎的機會。她並不會渴望和許多男人有性關係。

中國唐朝的徐敬業起兵要討伐武則天時，駱賓王為他寫了一篇流傳千古的討伐文〈討武曌檄〉，文章裡面罵武則天「洎乎晚節，穢亂春宮」，講得好像武則天很淫穢的樣子；但其實武則天身為一代女皇，見於史書的情人只有四個。[56]

貴為一個皇帝，後宮卻只有四個人，真的很可惜……啊，不是，我是說這樣還叫「穢亂春宮」，那以前那些男皇帝真的不知道該用什麼難聽話才能形容了。

總之，武則天的例子，反映出兩性對性伴侶的需求人數很不一樣。

並沒有理工腦與人文腦

雖然從演化的觀點來看，男女在擇偶和性偏好上有比較明顯的差異，但是男女在其他方面的差異則比想像中的小。例如，我們一般覺得男生比女生更擅長數

55 Trivers, R. L. (2017). Parental investment and sexual selection. In *Sexual selection and the descent of man* (pp. 136-179). Routledge.

56《新週刊》雜誌社（2021）。顯微鏡下的古人生活。高寶。

學，所以有「理工腦」這種說法，這是真的嗎？[57]

一些研究分析結果發現：其實男女在數學能力上幾乎沒什麼差異。所以男生「理工腦」這種說法其實是沒有根據的。而女生「人文腦」其實也不算太有根據。女生的語文能力似乎略優於男生，不過這個差異也不是很大。所以嚴格來說，男女在數學和語文能力上是差不多的。由此可知，歷史上應該有許多才女被埋沒了。

《唐詩三百首》裡只有一個女詩人——杜秋娘，而她寫的那首詩你一定知道：「勸君莫惜金縷衣，勸君惜取少年時。花開堪折直須折，莫待無花空折枝。」在科學上也是，很多本來可望為人類做出卓越貢獻的女科學家，被埋沒在父權社會中。例如，直到一九五〇年代，揭露出DNA結構的英國國王學院，這種層級那麼高的學術單位都還規定，女性學者無論年資、成就，都不許進入富麗堂皇的教職員休息室用餐，只能在旁邊一間昏暗狹小的房間用餐。也就是說，如果居禮夫人任職於國王學院，她也只能在小房間吃飯，現在回頭看，這種規定真的很不可思議。[58]

前面那台車一定是女人開的

除了數學和語文能力外，男女在其他方面有什麼差異呢？請你先試著回答下面的問題，「男生和女生……」：

誰比較有攻擊性？　□男生　□女生　□沒有差異

誰比較衝動？　□男生　□女生　□沒有差異

誰比較善於和別人溝通？　□男生　□女生　□沒有差異

---

57 以下多數分析均來自 Hyde, J. S. (2014). Gender similarities and differences. *Annual Review of Psychology*, 65, 373-398.

58 Bryson, B.（2006）。萬物簡史（師明睿譯）。天下文化。

誰更樂於助人？ □男生 □女生 □沒有差異

誰更容易有正面的情緒？ □男生 □女生 □沒有差異

誰更容易有負面的情緒？ □男生 □女生 □沒有差異

想好了嗎？如果你有認真回答，那麼我猜很多題目你沒答對。因為關於上面這些問題的答案都是：男生和女生在這些事情上沒什麼差異；就算有差異，差異也很小。[59]一些大型研究的分析結果顯示，其實我們日常生活中對兩性的刻板印象是不太正確的，男女在攻擊性、衝動性、溝通能力、助人、情緒上的差異都不大。

其中一個例外，比較符合我們刻板印象的差異，就是空間能力。在空間能力方面，男生的確是一定程度地優於女生。所以有時在路上看到有人開車技術不好，我們直覺上會猜那個駕駛是女生，或是我們一般覺得男生似乎更喜歡也更擅長打電動。這似乎是真的，這些刻板印象可能就其來有自。除此之外，男女之間的相似性是遠勝於差異性的。

要生存必須同大於異

雖然演化心理學常常強調，演化的機制如何讓男女變得不同，但這某種程度算是在迎合大家對八卦的偏好。畢竟演化讓「男女有差異」，聽起來比「男女沒什麼不同」更有趣一些。

其實在演化上，雖然男生和女生有他們各自獨特的生存策略，但是他們有更多相同的生存策略。他們都要能分辨出哪些動物是危險的；他們都要知道和別人合作自己生存的機率才會高；他們都要懂得害怕黑暗，因為黑暗深處危機四伏等。在演化中，很多有利於生存的策略是不分性別的。因此，除了擇偶、性偏好

59 根據 Hyde, J. S. (2014) 的綜合分析，這些差異多半都只有小效果，不及中效果。

的差異之外，男女在很多事情上的差異其實比我們想中的小。

最後，除了生理結構和演化之外，我們不能忽視環境教養對兩性的影響。你只要看看父母都給小男孩和小女孩玩什麼玩具、穿什麼顏色的衣服，或是在我們的文化中有多少「窮養兒，富養女」、「男主內，女主外」這類的俗諺，就不難理解環境如何讓男女變得不同。

這邊我偷偷告訴讀者一個絕不能讓我太太知道的祕密，我上課時坐在下面聽課的女學生總是比男學生多。不是因為我長得帥，而是心理系的學生一向是女生多。因為從小女生就比較可能被教育要善解人意、幫助他人、從事更柔性的工作，所以自然念心理系的女生就會比較多了。這不是大腦結構或演化造成的，而是後天教育形塑出來的。

第四篇

連結人我之間

10 認同群體：為什麼世足與戰爭只有一線之隔？

二〇一六年美國大聯盟的小熊隊，相隔了一百零八年拿到世界大賽冠軍。當時有位一百零八歲的人瑞阿嬤，從小就是小熊隊球迷，她活了一百零八年終於親眼見證小熊隊奪冠。而在支持的球隊拿到冠軍之後，這位阿嬤說：「我已經完成了我想做的事，可以離開了。」一週後她安詳離世。

二〇二二年阿根廷睽違三十六年拿下世界盃足球賽冠軍，回國時，球員原本要從首都郊區一路用巴士遊行到市中心，接受國民的祝賀。結果沿途滿坑滿谷的球迷，據估計現場至少有四百萬人。巴士緩緩開了五個小時後，實在無法前進，於是球員只好改搭直升機飛越遊行路線上空，完成遊行。

運動讓很多人瘋狂。就算你對運動不是特別感興趣，多少也曾經體驗過「一日球迷」的心情。小學運動會時，你幫自己的班級用力加油；奧運看到台灣選手比賽時，你感到緊張不已。但是，仔細想想就會覺得沒什麼道理。畢竟，選手贏了你不會加薪；就算他們輸了，你也不會失去什麼。不論他們的輸贏如何，你的人生都不會有什麼改變。為什麼一場勝負對我們來說幾乎不會帶來實質影響的比賽，有時卻讓人激動不已？

沐浴在反射的光輝之中

心理學把這個現象稱為：**沐浴在反射的光輝之中**（basking in reflection glory）。這詞聽來有些拗口，但理解之後就會覺得很有趣。想像你站在一個黃金打造的獎盃旁，因為有光打在這獎盃上，所以這個獎盃光彩奪目，非常耀眼。而由於你就站在獎盃旁邊，所以打在獎盃上的光，有一部分也反射在你身上，讓你有一種自己也閃閃發亮的錯覺。於是你就「沐浴在反射的光輝之中」了。

在日常生活中，「沐浴在反射的光輝之中」是一種常見的現象。當孩子有成就時，父母感到驕傲，逢人便說自己的孩子有多棒。有個當藝人的朋友，讓你覺得沾沾自喜，和別人聊天時喜歡談這件事。甚至你喜歡在一些知名景點打卡拍照，然後上傳到社群網站，向朋友炫耀你去過那裡。白話來說，「沐浴在反射的光輝之中」就是我們平常說的「沾光」。

「我們」贏了

有個研究，利用大學的足球比賽，去說明這種「沾光」效應。他們去觀察，當學校的球隊贏球之後，穿戴和學校有關的服飾（如學校的T恤、外套、徽章）來上課的人會不會變多。結果發現在校隊贏球後，穿戴和學校有關服飾的人會比較多；而在校隊輸球後，穿戴的人明顯比較少。[60]

60 Cialdini, R. B., Borden, R. J., Thorne, A., Walker, M. R., Freeman, S., & Sloan, L. R. (1976). Basking in reflected glory: Three (football) field studies. *Journal of Personality and Social Psychology*, 34(3), 366.

另一個例子，則是有人去分析球迷在比賽之後，使用「我們」這個詞的頻率。心理學家認為「我們」這個詞很能表達出人和人之間的關係是否親密。當一個女人和閨蜜聊她的婚姻時，如果她說：「『我們』之間有些問題。」這可能還不算嚴重，但是如果她說：「『我和他』之間有些問題。」這聽起來可就嚴重多了。

所以「我們」這個詞反映了兩個人之間的親密程度。有人就發現當球隊贏球時，球迷在發文時更常使用「我們」這個詞。[61] 像是「我們好棒喔」、「我們這場比賽的戰術很成功」。但是當球隊輸球時，球迷就比較少用「我們」這個詞了，此時的用詞可能是「兄弟象這場比賽爛透了」，而不是「我們爛透了」

球衣球帽和可樂一樣好賣

上面這些都是「沐浴在反射的光輝之中」的例子。這個團體好棒，我屬於這團體，所以我也好棒；於是人們更想穿上和團體有關的衣服，讓大家知道他也是這團體的一分子。所以，如果你去看阿根廷足球隊奪冠後，當時夾道歡迎的電視畫面，會發現滿街的人，都穿著阿根廷的球衣。

如此也就不難理解，為什麼職業球隊除了賣球票、賣吃吃喝喝的東西之外，還能賣球衣、球帽，以及許多印著球隊 Logo 的周邊產品。因為這些東西具有很大的心理價值，可以讓球迷「沐浴在反射的光輝之中」。

社會認同與自動分類

為什麼會有「沐浴在反射的光輝之中」這樣的現象呢？心理學家認為這是一種**社會認同**（social identity）的結果。人類在演化過程中，為了求生存，必須分

61 Bernache-Assollant, I., Lacassagne, M. F., & Braddock, J. H. (2007). Basking in reflected glory and blasting: Differences in identity-management strategies between two groups of highly identified soccer fans. *Journal of Language and Social Psychology*, 26(4), 381-388.

辨出環境中，哪些東西會對自己造成危險、哪些東西無害。而且生存對這種區辨能力的要求很嚴格，你不只要分得出來，還要分得夠快。

想生存不容許你在面前有隻猛獸時，還慢條斯理地思考：「嗯，我想想，這動物看起來有些大隻，而且牠好像蠻餓的……。」如果是這樣，在你還沒想完，人已經在野獸的肚子裡了。所以你必須時時對環境做很快速的反應，生死往往就取決於電光石火瞬間的判斷。久而久之，我們養成了「自動分類」的習慣。

雖然我們現在已經不必在叢林裡被獅子追著跑了，但是這種分類習慣仍然在日常生活中運作。例如，當你剛入學到了一個新的班級，或是剛進入公司成為新鮮人時，面對一個全新且陌生的環境，裡面有很多不認識的人，你會怎麼想？其實你一直在做判斷。那個人看起來蠻友善的，有問題或許可以找他；那個人看起來不太好搞，應該要少和他往來。你自然就啟動了自動分類的能力。

令狐沖的社會認同很差

當你啟動自動分類的能力之後，它會讓你清楚意識到自己屬於某個團體。看到一個金髮碧眼的人走在路上，你會意識到他是外國人，而你是台灣人。如果你支持兄弟象，坐在球場時你會覺得對面的味全龍球迷和你不同國，隔壁的那個兄弟象球迷，感覺比較親切。

《笑傲江湖》的男主角令狐沖一表人才、資質聰穎、心地又好，但就是不討他師父岳不群喜歡；原因就是出在他的「社會認同」不夠。因為岳不群所屬的華山派自詡是名門正派，令狐沖卻從不避諱和三教九流的人來往，交了一堆黑白兩道的朋友，而且還和魔教的任盈盈談戀愛。這就像明明中華隊和韓國隊正在球場上廝殺，你還在那邊表達你對韓國歐爸或韓國女團的愛慕一樣。

從演化的觀點來說，就是令狐沖的分類能力不太好，他對自己所屬團體的認同感不夠高。他不夠把自己當作名門正派的人、沒有用力去區分名門正派和邪魔外教的差別。不過，小說中形容任盈盈「容貌秀麗絕倫……似如在仙境中一般」，所以和任盈盈交往這件事不能怪令狐沖（誤）。

自我價值和團體價值密不可分

一旦我們認定自己屬於某一個團體，這個團體就會融入我們的自我之中，成為自我的一部分。這說來有些抽象。可以把它想成你是一杯綠茶，一旦加入了蜂蜜，你就變成蜂蜜綠茶了，很難再把蜂蜜從你之中抽離出去。

以令狐沖的師父岳不群為例：他既是岳不群這個人，也是華山派掌門。他有可能分出「我是岳不群」和「我是華山派掌門」這兩個身分嗎？似乎不太可能，這兩個身分是完全融合在一起的。於是，只要是說華山派不好，就是在說我岳某人不好。只要是說蜂蜜不香，就是在嫌我這杯蜂蜜綠茶不好喝。因此，我們的自我價值總是和所屬團體的價值連在一起。如果你所屬的團體很棒，你也會覺得自己棒；如果你所屬的團體失敗，你的自我價值感也會受到打擊。

這就是為什麼阿根廷足球隊奪冠歸國時，會有四百萬人夾道歡迎；那不只是阿根廷足球隊的勝利，而是四百萬人的勝利。在場的那四百萬人，當時都處於一種強烈的投射之中，他們正把團體的榮耀投射在自己的價值上。阿根廷贏了，而我是阿根廷人，所以我也贏了！他們都「沐浴在反射的光輝之中」。

贏球讓球迷雄風大振

有一個研究利用睪固酮的分泌，來探究人們的自我價值和團體價值有所連結的現象。睪固酮就是所謂的雄性激素，它和雄性動物的競爭息息相關。過去研究發現，當男人在一些比賽中勝利時，他的睪固酮分泌會增加，而輸掉比賽時睪固酮分泌則會減少。簡單來說，就是贏家會「雄風大振」、輸家會「失去雄風」。

但是以上講的睪固酮分泌變化，都是當事人參加比賽輸贏所造成的結果；如果不是自己的輸贏，只是自己所屬團隊的輸贏，也會帶來同樣的反應嗎？如果像前面說的，我們的自我價值總是和團體價值連在一起，那麼所支持球隊的輸贏應該會影響球迷的睪固酮分泌。

研究者趁一九九四年世界盃足球賽時，來研究這個問題。[62] 那一年巴西和義大利兩支球隊打進了最後的冠軍賽，研究者就找了一群巴西和義大利的男人來看這場比賽，然後在比賽前後採集他們的唾液，想看看贏的球迷和輸的球迷，他們的睪固酮分泌在比賽前後有什麼變化。

那一場比賽踢了一百二十分鐘，兩隊都沒有進球；最後以 PK 的方式，巴西隊打敗了義大利，奪得那屆世界盃的冠軍。重點是，兩隊的球迷有沒有因為自己支持的球隊輸贏，而使得他們的睪固酮分泌有所不同呢？

答案是有的，勝隊球迷的睪固酮分泌增加了，而敗隊球迷的分泌減少了。[63] 也就是說，雖然球迷並不是真的參加比賽的人，但是他們真的感受到球隊的勝敗是自己的勝敗，他們的自我價值和團體價值連在一起；而且不只是心理上有這樣的感受，在生理上也產生了不同的反應。

社會認同有時很可怕

簡單來說，快速對環境中的人事物做分類，是人類長期演化下的自然傾向，它能幫助我們對這個世界有快速的判斷，然後很快地做出反應。這算是一種生存必要的技能。但是快速分類也會帶來負面結果。

首先，為了要快速分類，我們對這世界的知覺有時會過度簡化。在原始叢林

62 以上見 Bernhardt, P. C., Dabbs Jr, J. M., Fielden, J. A., & Lutter, C. D. (1998). Testosterone changes during vicarious experiences of winning and losing among fans at sporting events. *Physiology & Behavior*, 65(1), 59-62.

63 這個研究的樣本很少，只有二十六個人。有時生理性的研究使用的樣本會比較少，一方面採集檢體的成本較高，二方面則是一般會認為生理現象比心理現象穩定。但讀者仍需注意這是一個小樣本的研究。

裡有需要去區分這是獅子、那是老虎、牠是豹嗎？不太需要，只要把牠們統稱為「看到快逃」就可以了。同樣地，看到一群金髮碧眼的外國人，我們會去仔細區分他們是美國人、英國人或法國人嗎？通常我們就約略把他們都當作西方人。

因此，我們對這世界的分類不只快速，而且有些簡化。這種簡化的分類習慣，常常就是刻板印象和歧視的來源。有些人以為原住民族都愛喝酒、男同志多半是娘娘腔、外籍移工的教育水準很低。如果實際去觀察就會發現，這些刻板印象多半是不正確的。但是這類刻板印象充斥在我們的腦海中，就是因為我們習慣把周遭人事物做快速分類，因此過度簡化了很多事。

此外，社會認同有時會產生更嚴重的後果。從本書出版往前推五千五百年的時間內，人類歷史上只有大約三百年是完全和平的，剩下的五千二百年都有戰爭，而當中大約有一萬四千五百場戰爭，造成最少三十五億條人命的損失。[64]

人類歷史上有那麼多戰爭，而且並不少見一個種族對另一種族的無情屠殺，這多少都和我們的社會認同傾向有關。為了提升自己所屬團體的價值，藉此來滿足我們的自我價值，很多時候我們甚至會不惜去打壓、迫害別的團體。

某種程度上來說，殘酷的戰爭、種族的迫害、宗教的對立，這些事情就像是運動比賽中，不同陣營球迷互相對抗的極致擴大版。看起來不同的行為與現象背後，其實有著相同的心理機制。

---

64 Henderson, C. W. (2009). *Understanding international law*. John Wiley & Sons.（引自 https://beginneros.com/triviaDetail.php?trivia_id=247）

11 幫助他人：施真的比受有福嗎？

客棧裡，一個囚首垢面的少年，偷了一個饅頭，店小二正要對少年動粗。他見少年可憐，搶上去攔住：「別動粗，算在我帳上。」然後撿起饅頭，遞給少年。少年接過饅頭說：「這饅頭不好吃。」然後將饅頭丟給了門口的一隻小狗。他一楞，沒想到少年會把饅頭丟給小狗。

回到座位，少年跟了進來，望著他。他被少年瞧得有些不好意思，於是說：「你也來吃好嗎？」少年說：「好，我一個人悶得無聊，正想找個伴。」於是他吩咐店小二再拿飯菜。店小二見少年骯髒模樣，很不樂意，叫了半天，才懶洋洋地拿了碗碟過來。

少年問他：「不管我吃多少，你都請客嗎？」他說：「當然，當然。」他轉頭對店小二說：「快切一斤牛肉、半斤羊肝來。」。少年說：「先別急著吃肉，我們先吃果子。先來四干果、四鮮果、四蜜餞。」接下來又點了十幾道名貴的菜肴。等他點完，店小二說：「這些酒菜價錢可不便宜哪……」少年說：「這位大爺說要請客，你認為他吃不起嗎？」店小二見他身上一件黑貂看來甚是珍貴，心想就算你付不了帳，把這件黑貂皮剝下來抵帳也夠了，於是就去備酒菜了。

席間兩人一見如故、相談甚歡；時間一久，菜也冷了。少年說：「我們聊了這麼久，菜都冷了。」他回說：「那麼，叫店家熱一下吧。」少年說：「不，熱過的菜都不好吃。」又把店小二叫來，要他把幾十碗冷菜都撤下去倒掉，再用新鮮材料重做新菜。等到幾十盆新菜重新擺上，少年只吃了幾口，就說飽了。店小二心中暗想：「你這傻蛋，這小子把你當冤大頭了！」

結帳時，一共是十九兩。他摸出一錠黃金換了碎銀付帳。出了店之後，寒風刺骨。少年縮了縮頭，說道：「叨擾了，再見罷。」他見少年衣衫單薄，心下不忍，脫下貂裘披在他身上，然後說：「兄弟，你我一見如故，請把這件衣服穿了去。」他身邊還剩下四錠黃金，取出兩錠，也放在貂裘中。那少年走出數十步，回過頭來向他招了招手。他快步過去，問道：「賢弟可還缺什麼？」少年微微一笑說：「還沒請教兄長高姓大名。」他笑道：「真是的，這倒忘了。我姓郭名靖。兄弟你呢？」那少年道：「我姓黃，單名一個蓉字。」[65]

這就是《射鵰英雄傳》中，郭靖和黃蓉相遇的故事。這個相遇開啟了郭靖一生傳奇的序章，最終郭靖成為人人景仰的「俠之大者」，並且與才貌雙全的黃蓉結為連理，共同譜出一段經典故事。

雖然這只是一段虛構的故事，但類似情節在不同的故事中常常出現；因為多數人基本上都相信，為別人付出最終也能為自己帶來好處。也就是「施比受有福」、「助人為快樂之本」、「贈人玫瑰，手留餘香」。但是幫助別人，真的能為自己帶來快樂嗎？像郭靖這樣把錢花在別人身上，真的會為自己帶來幸福嗎？

---

65 以上改寫自《射鵰英雄傳》第七回：比武招親。為了節省篇幅，簡化了不少。郭靖和黃蓉相遇的故事比這精采許多，很值得讀。

錢花在別人身上比較快樂嗎？

如果你仔細算算，一個月大約花多少錢在自己身上，再算算自己花多少錢在別人身上；你覺得兩者會相差多少呢？

有一個研究調查了六百三十二個美國人[66]，發現大約差了十倍。也就是如果你花一千元在自己身上，大約會花一百元在別人身上；花兩百元自己吃麥當勞，可能會花二十元請別人喝麥香紅茶——我們的錢大約有十分之一會花在別人身上。[67]

十分之一這個數字很有趣，因為〈利未記〉第二十七章也寫道：「地上所有的，無論是地上的種子，是樹上的果子，十分之一是耶和華的，是歸給耶和華為聖的。」所以拿出自己所得的十分之一給別人，似乎古有明訓。

更有趣的是，把錢花在自己身上，和花在別人身上，哪個更能帶來快樂呢？研究發現，把錢花在自己身上和快樂之間的關係並不密切，反而是花錢在別人身上和快樂之間有比較明顯的相關。平均來說，越願意為別人付出的人，會越覺得快樂幸福。

有一個研究，用了更直接的方式來說明這個現象。研究者在一早給了參加研究的人一個信封，裡面放了一筆錢。受試者拿到錢之後，他們要拿著這筆錢出去把它給花了（這研究的受試者實在是太幸福了）。但是有一部分人被要求這筆錢必須花在自己身上，不能花在別人身上；另一部分人則被要求只能把錢花在別人身上，不能花在自己身上。等兩群人把錢都花完之後，問他們心情如何。結果發現，把錢花在別人身上的人比較快樂。[68]

66 Dunn, E. W., Aknin, L. B., & Norton, M. I. (2008). Spending money on others promotes happiness. *Science*, 319(5870), 1687-1688.。

67 這邊值得注意的是，此研究計算花在自己上的錢時，包含了一些生活所需的支出；而計算花在別人身上的錢時，不包含這種必需支出（如幫孩子付學費、給零用錢）。因此二者的計算並不完全對等。

68 同註66，Study3。不過此研究只用了四十六個受試者，值得注意。

如果以前面的故事來說，郭靖秉性善良，他花了十九兩銀子請一個囚首垢面的少年（實則是「肌膚勝雪、容色絕麗」的黃蓉）吃飯，誤打誤撞做了一件施比受有福的事，這比他把錢花在自己身上，一個人坐在那裡大吃大喝更快樂。

只是施予小惠也讓人快樂

而且這種施予別人所獲得的快樂，似乎不會因為給得多或給得少而受到影響。你去想像，如果你是前面那個研究的受試者，拿到信封後，裡面裝了六百元或是只裝了一百五十元。把六百元花在別人身上，和把一百五十元花在別人身上，所帶來的好心情會不會有差異？

答案是沒有。研究發現，當人們把錢用在別人身上時，不論是花六百元或只是一百五十元，得到的快樂程度並沒有明顯的差異。也就是說，不論是花大錢或是花小錢，只要是施予別人好處，帶來的好心情是差不多的。

所以，你去做善事幫助別人，和郭台銘做善事幫助別人，拿出來的錢金額可能差很多，但是得到的快樂是一樣的。這樣換算起來，一般人做善事的CP值比有錢人更高。我們花一千元買到的快樂，和郭台銘花一百萬元買到的快樂是一樣多的。

根據這研究結果，郭靖真的不用花十九兩銀子請黃蓉吃大餐，就算只請一碗麵，得到的快樂程度也是差不多的（不過我很確定，這樣的話，他倆吃完麵就會散伙、各走各的，這世上應該就不會有郭大俠、也不會有黃幫主了）。

附帶一提，郭靖花了十九兩銀子請黃蓉吃飯，你可知道十九兩銀子折合新台幣是多少錢？以匯率來說，新台幣和一兩銀子的匯率大約是一比兩百，[69]所以十九兩銀子大約是三千八百元。這錢可以吃十三碗一蘭拉麵，或二十五個大麥克全餐，或三次饗食天堂。就花這麼點錢最後能練成絕世武功、成為一代大俠，還

69《新週刊》雜誌社（2021）。顯微鏡下的古人生活。高寶。

娶了肌膚勝雪、容色絕麗的黃蓉，真的非常划算。

不同文化有差異嗎？

回到施比受有福。有些心理學研究認為，把錢花在別人身上會帶來快樂，這現象似乎是跨文化的。也就是說，不同國家、不同文化的人，可能都會有同樣的感受。

例如，即使在像烏干達或印度這類國民所得相對比較低的國家做的研究，結果也發現，把錢花在別人身上似乎比較快樂。不過這邊要注意，學者們在烏干達和印度做研究時，並沒有真的給受試者一筆錢去花用，只是請受試者去「回想」，他最近一次花錢在自己身上，或花錢在別人身上的經驗，然後看這兩種回憶哪一個會帶來更多快樂的感受——畢竟心理學家的經費有限，不能沒事一直發錢。結果也同樣發現，平均來說，那些回想把錢花在別人身上的人，比起回想花在自己身上的人更快樂。[70]

綜合上面這些研究結果，有些心理學家認為，把錢花在別人身上會更快樂這件事，可能是舉世皆然的，不論在美國、烏干達、印度，都可以觀察到類似現象。也就是說，不是只有中原武林的郭靖樂善好施能帶來快樂，遠在西域、貴為蒙古國師的金輪法王，雖然心腸不算特好，但是如果他願意多多幫助別人，應該也會過得比較快樂。

在《神鵰俠侶》的結局中，金輪法王捨命接下了空中跌落，即將落入火柱的郭靖女兒郭襄，救了她的性命；最後「眼望郭襄，微微含笑，瞑目而死」——[71]可見施真的比受有福，助人真的能帶來快樂（誤）。

---

70 心理學研究有時為了求方便，在操作時只請受試者回想。例如，本來應該讓受試者真的去花錢，但是研究者只讓受試者去回想花錢經驗。因此，除非你認同「回想花錢經驗，和真的花錢，是差不多的事」，否則在解讀這些研究結果時，應該要更小心看待。

71 金輪法王是《神鵰俠侶》中武功高強的大反派，他和郭襄之間的故事很有味道；而這段他捨命救郭襄的故事，是金庸在最後的「新修版」才加上的。

這是人的天性嗎？

如果施比受有福的現象，真的是跨文化、舉世皆然的，那麼就有可能表示，對別人慷慨是人的一種天性。從演化的觀點也不難想像，幫助他人可能是人類的重要特性，畢竟相對於這世界上的很多凶猛動物來說，人類顯得相當脆弱，人必須彼此合作、相互幫助，才能在這世界存活下去。

所以可以想見演化會選擇讓能夠從助人中得到快樂的人，更有機會存活下來。於是久而久之，助人為樂有可能成為我們的一種天性。

既然是一種天性，我們應該能在小朋友身上觀察到這種現象。於是就有研究者用幼兒來測試這件事。[72] 他們用了四十八個五歲的小朋友——通常以幼兒進行的研究，人數都會比較少，因為小孩是比較難以控制的。本書作者每次看到電影中有出現小狗、小貓、小孩的畫面時，都很佩服導演竟然能控制他、她、牠們，拍出電影。

在這個研究中，研究者先發了一些餅乾給小朋友，然後再拿出另一些餅乾說：「隔壁有個小朋友沒有餅乾耶，你要不要把這些餅乾給那個小朋友呢？」然後請在旁邊觀察的研究助理，根據小朋友的表現去評估：小朋友自己拿到餅乾時的快樂程度，以及小朋友給別人餅乾時的快樂程度。

照理說，自己拿到餅乾應該要更快樂，但結果發現，比起自己拿到餅乾，當有機會給別人餅乾時，小朋友顯得更加快樂。根據這樣的結果，研究者認為，施比受有福是人的一種天性，即使從五歲的小朋友身上，也能看到這種天性傾向。

72 這研究出自 Dunn, E. W., Whillans, A. V., Norton, M. I., & Aknin, L. B. (2020). Prosocial spending and buying time: Money as a tool for increasing subjective well-being. In *Advances in experimental social psychology* (Vol. 61, pp. 67-126). Academic Press. 但是原出處其實是一篇未正式出版的博士論文。

只要捫心自問，就能知道答案

最後，我在閱讀關於施比受有福的相關論文時，一方面覺得這似乎是一個很穩定的心理現象，另一方面也覺得本章引用的那些研究多多少少都有一些瑕玼（這些瑕玼請見本章中的各個註解）。而更值得注意的是，做這個研究主題的人很少，看來看去，不同研究的作者都是那幾個學者。

就科學來說，這並不是一件好事。例如，很多科學研究都發現奇異果對人體健康很有好處，但是如果仔細去看，就會發現很多關於奇異果的研究，都是來自於紐西蘭，[73]而紐西蘭正是獨霸奇異果市場的國家；那些宣傳奇異果神奇效果的科學研究，背後多半有紐西蘭的資金挹注，這樣我們還能相信這些研究嗎？這邊倒不是叫大家不要吃奇異果，只是當研究的來源總是同一群人時，我們就很難判斷這些研究的可靠性。

此外，如果房子很好賣，很多人都會想去當仲介；如果寫書能賺錢（相信我，多半賺不了錢……），大家就會搶著去寫書；如果某個心理現象是真實而穩定的，也不應該只有少數學者在從事這類研究。所以讀者們在解讀這些研究時，還是要更加注意。

不過，這些研究值不值得信賴、它們是不是真的證明了施比受有福，某種程度來說可能也不重要。因為，當我在寫這篇文章，分享我所知道的知識給讀者時，心中的確是覺得快樂的；而你只要回想一下，自己過去曾經幫助別人的時刻，或許也會覺得助人的確帶給了你快樂。施，可能真的比受更有福。

---

73 Greger, M., & Stone, G.（2017）。食療聖經（謝宜輝、張家綺譯）。漫游者。

12 夫妻協奏：夫妻臉從何而來？

二〇一六年時，奧利維亞・布倫納（Olivia Brunner）決定做 DNA 測試。因為大家都說她和她的男友實在太像了，而且她從小就被領養，所以並不知道親生父母那邊的狀況。「萬一我和我男友是親兄妹呢？」她不禁這樣想。檢查結果讓人鬆了一口氣，她和男友並沒有血緣關係，後來他們也結婚了。[74]

另一對情人似乎就沒有那麼幸運了。二〇二二年在 Reddit 論壇上，一篇標題為「我剛發現我和我的親生哥哥已經約會六年了」的文章到受很多人關注，這標題很像是某一類型成人影片的片名（誤），所以引起了媒體注意。這對情侶因為好玩而做了 DNA 測試，結果驚訝地發現彼此是親兄妹。[75] 如果這是真的，簡直就是台灣八點檔本土劇的劇情真實上演。

74 Time 雜誌報導。https://time.com/5553817/couples-who-look-alike/
75 Reddit. https://www.reddit.com/r/offmychest/comments/vnunhc/i_just_found_out_that_ive_been_dating_my/

不過，由於這是一篇網路論壇上的貼文，所以真實性如何不得而知；畢竟現在網路上的訊息真真假假、不易辨識。但是情侶之間長得像，也就是所謂「夫妻臉」的例子似乎並不少見，也時有耳聞。

大家都在找另一半

我們常說伴侶是自己的「另一半」，這種說法最早是出自柏拉圖（Plato）的《會飲篇》（Symposium）。

當時一群參加宴會的人在討論愛情是什麼，其中一個叫作阿里斯托芬（Aristophanes）的人說：以前人是長得圓圓的，每個人有四隻手、四隻腳、兩個生殖器，以及兩張朝向前後的臉孔；也就是說最初的人類是兩個人的合體。這種合體人相當強大，因此變得高傲自大，意圖挑戰天神。眾神不能忍受合體人如此囂張，但又不能把他們滅絕，因為眾神需要有人崇拜祭祠他們；就像學生再不聽話老師也不能趕他們出去，否則老師沒有學生教也會丟飯碗，所以天神們很為難。

這時宙斯想出了一個好方法，把合體人劈成兩半，這樣不只可以削弱他們的力量，而且拜神的人數立刻乘以兩倍。宙斯這麼會做生意，不愧是眾神之首。於是合體人就被劈成兩半了。原本男男合體的被劈成兩個男人、女女合體的被劈成兩個女人、一男一女合體的被劈成一個男人和一個女人。從此之後，活在這世上的人們，總是感到自己有所缺憾，每個人終其一生都在尋找那個可以讓自己更完整的另一半。

這故事還蠻浪漫的。不過它某種程度也可以說是一個支持夫妻臉的神話。如果我們本來和另一半就是同一個軀體，那麼長得像也是理所當然。而且不只可能有夫妻臉，也可能有夫夫臉、妻妻臉；因為在那個神話中，是有男男合體人、女女合體人的。古希臘很早就有多元性別的開放思想了。

真的有夫妻臉嗎？

關於夫妻臉，最常被提到的是一九八七年的一項研究。[76] 這個研究找了一群夫妻，拿他們結婚一年和結婚二十五年的大頭照，然後把夫妻和非夫妻的照片混合配對，並請大學生去判斷每對照片的相似程度。結果發現的確有夫妻臉這個現象，真正的夫妻會被評得比非夫妻更像。但是這個現象只出現在結婚二十五年的照片上，結婚一年的照片人們並不覺得夫妻有比較像。

所以如果以這個常被引述的研究來說，夫妻臉這件事應該是有條件的，至少需要一些時間去讓「我泥中有爾（你），爾（你）泥中有我」——這據說是中國古代某個老公想納妾時，問老婆的意見，他老婆（管仲姬）寫了這首《我儂詞》來回應，意思是說：「我們是一體的，不准！」不過這位老公已經算幸福了，至少有機會提納妾這件事，現代的老公連提案的機會都沒有……。

上面這樣的研究結果，似乎符合我們對夫妻臉的一種觀點：夫妻並不是一開始就長得像的，他們是因為長期生活在一起，生活模式相同，久而久之變得越來越像。例如，兩人常一起去運動，久了臉上就曬出了一些斑點；總是宅在家裡一起追劇，膚色變得越來越蒼白；看你吃宵夜我忍不住跟著吃，就一起變胖。

不過事情似乎沒有那麼單純，因為有另外一個研究，用了更多夫妻的照片，找了更多人去評這些夫妻的照片，結果雖然也發現了夫妻臉這個現象，不過夫妻之間的相似性和結婚多久並沒有太大的關係；並不會因為兩人在一起更久，就變得更像。

所以目前研究的確發現有夫妻臉這個現象，只是這件事和時間有沒有關係？兩人結婚越久，是不是會變得比較像？研究結果有些分歧，心理學家對這件事並沒有確切結論。如果你對這答案不滿意，請重讀本書的第一章，那時有說過，心

---

76 Zajonc, R. B., Adelmann, P. K., Murphy, S. T., & Niedenthal, P. M. (1987). Convergence in the physical appearance of spouses. *Motivation and Emotion*, 11, 335-346.

理學沒有你想像的厲害，心理學是一門對很多事都不太確定的科學……說好這本書不退錢的。

你愛的是自己

如果夫妻臉不是因為兩人相處久的關係，那麼，還有什麼原因會讓夫妻兩人相像？一個可能原因是他們本來就像；其實是我們在一開始找伴侶時，就選擇了和我們長得像的人。

有一個很有創意、同時也很獵奇的研究，探討了這個問題。我們都知道，這個時代詐騙很多，在各種交友平台、社群網站上的帥哥美女照片，也不能太相信，因為修圖軟體實在太厲害了。有個研究就製作了「融合照」，把一個異性的大頭照和你的大頭照融合在一起，產生一張有你的容貌在裡面的新面孔，接下來請你去評這個融合照對你的「性吸引力」（sexual attraction）如何。

例如，如果你是個女生，就把你的照片和某個男生的照片融合在一起，然後問你這張新照片對你的吸引力如何。總之，就是要看看，如果某個異性的容貌裡有你的影子，你是不是會更容易被他（她）吸引。結果發現，人真的會被混合了自己容貌的照片吸引。[77]也就是我們會更喜歡和自己長得像的人。

另一個研究則是更直接，它直接拿你伴侶的照片產生三張照片：一張是有你的融合照、一張是把你的伴侶修得更男性化、一張是把你的伴侶修得更女性化，然後問你最喜歡哪一張。答案是一樣的，人們最喜歡的還是有自己在裡面的那張照片。也就是說，不管你的伴侶是變得更斯文秀氣，或是更陽剛颯爽，他（她）對你的吸引力都比不上有你在裡面的那張融合照。[78]

77 Fraley, R. C., & Marks, M. J. (2010). Westermarck, Freud, and the incest taboo: Does familial resemblance activate sexual attraction?. *Personality and Social Psychology Bulletin*, 36(9), 1202-1212。實驗二。此研究為二水準設計，每一組只有二十人，應注意。

78 Laeng, B., Vermeer, O., & Sulutvedt, U. (2013). Is beauty in the face of the beholder?. *PLoS One*, 8(7), e68395.

從這實驗結果來看，人最愛的還是自己。所以有天當你的伴侶說在這世上他（她）最愛的人是你時，你最好不要被這甜言蜜語沖昏頭，他（她）最愛的是自己，你最多只排第二。

而且上面說的這種「喜歡長得像自己的人」的現象，是很隱晦而不自覺的。在上面那個研究中，如果我告訴你，這些照片中有一張是把你的臉融合進去的，請你分辨出來；研究結果會發現你分辨不太出來。其實在原始的論文中可以看到，那些修過的圖彼此之間差異並不是很大，肉眼應該不太容易分辨出來；但是人們還是不自覺地會去選擇融合了自己的那張照片。所以我們在選擇伴侶時，的確有可能被和自己像的人吸引，而且這種偏好是我們自己不自覺的。

戀父與戀母情結

那麼，為什麼我們會有這種不自覺選擇和自己像的人的傾向呢？有一種可能解釋是佛洛伊德（Sigmund Freud）的戀父或戀母情結，這在心理學中是赫赫有名的理論。佛洛伊德認為人從小就有性慾，而人們的第一個性幻想對象，就是自己的異性父母。佛洛伊德借用一個希臘神話來說明這件事。

故事大致是說，有個國王被預言，他的親生兒子伊底帕斯將來會把他殺死，並且娶他的太太；也就是這個不肖子會殺了自己的父親，並娶自己的母親。國王二話不說，就將伊底帕斯棄於荒野。後來伊底帕斯長大了，並且也得知了這個可怕的預言，他極力想要避免，但是仍然逃不過命運的捉弄。最後他真的陰錯陽差地殺了父親、娶了母親。關於伊底帕斯的故事，有興趣的讀者可以自行上網「估狗」，本書就不在這裡充篇幅、騙稿費了。

這個故事的重點在於，佛洛伊德認為異性父母對我們是有性吸引力的，就像伊底帕斯最後娶了母親、替代了自己的父親。如果回到夫妻臉這件事來談，就是男人會被和母親像的人吸引，女人會被和父親像的人吸引，而父母和我們在外貌上本來就會有相似性。所以，如果像佛洛伊德說的，你會選和你父親或母親相像的人，那就相當於在選擇和你自己相像的人。

雖然在感受上，佛洛伊德所提的戀父或戀母情結可能會讓人有些難以接受，但是確實也有研究發現，人們會被自己的異性父母所吸引。[79] 不過這研究的效果不算很大，所以大家也別把人性想得太灰暗亂倫。

不過至少從這觀點來看，我們說「丈母娘看女婿，越看越滿意」，似乎也不是沒有道理。因為如果女兒會選擇和父親像的人，那麼丈母娘看女婿時，女婿就像是自己老公的年輕版；而丈母娘年輕時就是愛上這樣的男人啊。你有沒有覺得這關係好複雜、好亂啊。我真心覺得台灣本土劇編劇應該讀這篇文章，非常有利於寫劇本。

單純曝光效應

關於人為什麼傾向於選擇和自己像的伴侶，另一個解釋是**單純曝光效應**

（mere exposure effect），這在心理學中也是赫赫有名。「單純曝光效應」簡單來說就是，看久了就喜歡、多看幾次就喜歡。

有一個研究刻意安排了在長相、條件上都很接近的四個女生，讓她們在上課時有不同的出席率。這四個女生分別在課堂上出現零次、五次、十次或十五次，然後在學期末時問班上的一百三十位同學，對這四個女生的感覺。結果發現來上課越多次的女生，被評得越有吸引力。而且這四個女生當時在課堂上都有避免和其他學生互動，也就是說就算沒有什麼互動，光是常常出現這件事，就可以提升一個人的吸引力。

所以如果你是學生，真的不能蹺太多課，常去上課除了不會被當之外，還有可能讓心儀的人喜歡你。

79 Fraley, R. C., & Marks, M. J. (2010). Westermarck, Freud, and the incest taboo: Does familial resemblance activate sexual attraction?. *Personality and Social Psychology Bulletin*, 36(9), 1202-1212。實驗一。

那麼，這種「單純曝光效應」和夫妻臉有什麼關係？你想想看，這輩子在你眼前曝光最多的是哪一張臉？就是你自己的臉了。你每天起床洗臉會照鏡子、你搭電梯時如果有鏡子又照一下、你自拍時一直盯著自己的臉、你晚上睡前刷牙又照鏡子；因此我們自己的臉應該是人生中看過最多次的一張臉。就算我們不是什麼俊男美女，根據單純曝光效應，看久了就會順眼，我們自然很喜歡這張臉。

所以你在找伴侶的時候，不自覺地去找一個和自己相像的人也就理所當然。因此夫妻臉的一個可能原因是單純曝光效應，你找伴侶時在找這輩子看過最多次的那張臉，一張似曾相識的臉，也就是你自己的那張臉。這個解釋在邏輯上很合理，而且應該比佛洛伊德的戀父、戀母情結，還陽光許多。

或許只是物以類聚

總之，目前心理學研究發現，似乎真的有所謂「夫妻臉」這種現象。不過這只是表示平均來說夫妻的長相，可能比非夫妻來得像一些，並不是說丈夫會長得像妻子的男版、妻子會長得像丈夫的女版……這樣也太可怕了。其實與其說夫妻的長相會像，不如說他們在各方面可能都會像。

目前的研究發現，平均來說夫妻在很多方面都有一些相似性，通常他們年齡相近、教育程度也不會差太多。此外夫妻的政治態度、宗教信仰、性格特質、智商能力，也都有一定程度的相似性。而和這些相比，外貌的相似性反而是最微弱的。[80]只是「夫妻臉」這個現象很有趣，比較迎合一般人的口味，所以我們對夫妻容貌的相似性最為津津樂道。

最後我講一個故事，剛好可以回應本章一開始提到的兄妹戀。《天龍八部》的主角之一段譽，是個心腸好的公子哥兒，而且很痴情。他在小說裡愛過三個女

80 Luo, S. (2017). Assortative mating and couple similarity: Patterns, mechanisms, and consequences. *Social and Personality Psychology Compass*, 11(8), e12337.

人，不幸的是，後來發現這三個女人都是她妹妹（「段正淳，納命來」，如果你有點年紀會覺得這句話好笑）。後來金庸怎麼解決一個痴情男子愛上三個妹妹這件事呢？請自行去讀小說，或是「估狗」一下，便知分曉。

第五篇

品味生活趣聞

13 貓狗的戰爭：貓派和狗派有什麼不同？

如果你曾經讀過老子的《道德經》，應該會覺得它不愧為一本傳世經典，文字優美而且富有哲理。例如，老子認為「水」是天下最美好的東西：「上善若水，水善利萬物而不爭……夫唯不爭，故無尤。」正因為水柔弱不爭的特性，所以它可以適應各種地形、各種環境、融入各種容器，無處不在。

因此水雖然看似柔弱，但是它實質上是強大的，它可以「天下之至柔，馳騁天下之至堅」，這種以柔克剛的觀點可以說是老子思想的精華。而有一種動物非常能體現以柔克剛的強大，那就是狗。狗能成為人類最喜愛的動物，正是因為牠的柔弱。

狗是大約在一萬五千年到四萬年前，由灰狼演化而來的。[81] 當時突變出了

81 Herzog, H.（2012）。為什麼狗是寵物？豬是食物？（彭紹怡譯）。遠足文化。

一些比較溫馴的狼。這些狼由於攻擊性較弱，在狼群中過得不好，分不到食物。於是他們成為「清道夫」，開始在人類聚落附近找人們吃剩的食物為生。溫馴的狼經過世代交配，變得越來越溫馴，又因為常在人類周邊討生活，終於和人類形成一種特殊的跨物種關係。

這真的是一個以柔克剛的勵志故事，照理說應該是凶悍的灰狼才能活得好，但灰狼後來一度被列入瀕臨滅絕的動物名單，反而是那些溫馴灰狼的後代——狗，相對上活得還不錯。這也告訴我們一個事實，重點不在於你自己有多強，而是你背後的靠山是誰。狗雖不如灰狼凶猛，但牠有人類當靠山。

你一定是貓派或狗派嗎？

除了狗之外，另一個成功把人類當靠山的動物是貓；貓和狗可以說是人類最喜歡的兩種寵物。有學者就說：「我幾乎可以確定，你不是把自己視為愛貓人，就是愛狗人……如果詢問大部分的人，他們會立即在這兩類中選邊站。」[82]

二〇二一年日本一項「請問你是狗派還是貓派？」的調查也發現，當人們被問到這個問題時，只有大約一六%的人沒有特別偏好，其他超過八成的人都會選邊站——這其實並不讓人意外，如果你回憶一下本書的第十章「認同群體：為什麼世足與戰爭只有一線之隔」，就可以知道，自動分類是人類根深蒂固的天性；即使是很小的事情，也可以讓人選邊站。關於貓狗也是一樣，人們很容易就會把自己歸類為貓派或狗派。

既然多數人都會選邊站，那麼是貓派的人多還是狗派的人多呢？前述的調查發現，喜歡狗的人大約五成、喜歡貓的大約三成。這結果應該也不讓人意外；平均來說，狗仍然是人們比較喜歡的寵物。不過調查結果也發現，這種愛狗多於貓的偏好似乎有隨年齡而下降的趨勢；也就是說，雖然整體來說，人們更喜歡狗，

82同前註，p.46。

但是年輕人對貓、狗的喜愛人數則更勢均力敵，貓派和狗派的人數比較相近。[83]

在台灣大概也是呈現愛狗人多於愛貓人的趨勢。在本書撰寫時台灣有登記的寵物中，狗大約占了六三%、貓占三七%，差不多是六比四的比例。[84]不過最重要的是，從二〇一八年開始，台灣新增的寵物貓、狗登記數量，已經正式超越新生兒的數量了。這表示，大家寧可養貓、養狗也不願養小孩。

關於「毛小孩」取代了真小孩，有一種說法可以解釋。人類天生就會被頭大、眼睛大、柔軟等身體特徵吸引，所以我們才會不計一切地照顧嬰兒。[85]這是我們的親職本能。寵物也具有這些和嬰兒一樣的特性，所以會激發我們的親職本能，忍不住想要照顧牠們。而養寵物的成本比養小孩便宜很多，所以它是一個既能滿足我們的親職本能，又不必付出太大代價的替代方案。這使得很多人最後選擇了養寵物而非養小孩。

貓派和狗派不同嗎？

關於貓派和狗派，一個常見的說法是，愛貓的人和愛狗的人在特性上有些不同，這是真的嗎？我們先想想以下這些問題：

1. 誰比較好相處？ □貓派 □狗派 □沒有差別
2. 誰比較外向？ □貓派 □狗派 □沒有差別
3. 誰比較神經質？ □貓派 □狗派 □沒有差別
4. 誰比較願意嘗試新事物？ □貓派 □狗派 □沒有差別

83 Japaholic（2021）。https://www.japaholic.com/tw/article/detail/866501
84 內政部寵物登記管理資訊網統計資料。（2023/2/6）
85 同註81。

上面的多數問題對你來說，應該不難回答，因為你在直覺上有一些既定的想法。而研究結果和你的想法應該也頗為一致。平均來說，養狗的人比養貓的人好相處、比較外向，所以和養狗的人當鄰居或朋友似乎還不錯。而神經質呢？你的直覺可能也是對的，平均來說養貓的人會神經質一些。這樣的結果顯示，我們日常生活中所產生的一些既定想法或直覺，有時似乎還蠻正確的。

其中一個比較難回答的問題可能是：「誰比較願意嘗試新事物？」答案是養貓的人，養貓的人似乎更開放一些。不過，這邊要特別注意，貓派和狗派在性格上有差異，不表示差異很大。事實上養貓和養狗的人在這些特性上的差異並不算大。[86]它們比較像是兩間餐廳，一間在Google評價上獲得四．二顆星，另一間是四顆星評價，你在決定要去哪間餐廳吃飯時，可能會覺得兩間都可以。貓派和狗派的差異，並不是一間四顆星、另一間三顆星的那種差異，它們的差異沒有很大。

寵物和主人像嗎？

如果貓派和狗派有一些差異，那麼這種差異是怎麼來的？有一種解釋是，人們會選擇和自己比較相似的寵物。開朗的人喜歡養狗，是因為狗和人比較親近，個性也相對上開朗一些；神經質的人喜歡養貓，是因為貓那種高貴而神祕的形象，和活在孤冷世界中的人的形象比較搭。

而一些研究也發現，寵物和主人之間似乎有一些相似性。有個研究發現，如果給予受試者兩組「人狗配對」的照片，其中一組照片是真的主人與他的狗，另一組照片是假的主人和隨便一隻狗作配對，但讓受試者以為兩組都是真的主人和狗的配對照。然後問他們，哪一組照片中的狗和主人比較像，結果發現竟然有八

---

86 Gosling, S. D., Sandy, C. J., & Potter, J. (2010). Personalities of self-identified "dog people" and "cat people". *Anthrozoös*, 23(3), 213-222.

○％的人會選中真正的主人和狗的配對照。[87]由此可知，主人和他飼養的狗似乎真的有某種相似性，會讓人們覺得他們比較像。

為什麼寵物和主人會像？

研究還發現，上面說的這種主人和寵物的相似性，只會發生在純種狗身上；如果是混種的狗，也就是俗稱的米克斯（mix），人們就比較沒辦法把牠和主人做正確配對。[88]為什麼呢？這有可能說明了，我們是一開始就選了和自己像的寵物，而不是在一起久了才變像的。

因為你想想，如果你選擇了一隻和你像的小純種狗，純種狗小時候和長大後的特徵不會差太多，所以就算牠長大了，我們仍然可以看出你們的相似性。可是如果當初選的是一隻和你像的混種狗，雖然牠小時候和你像，但混種狗長大的樣子比較不可預測——很多人都說米克斯像是驚喜包，有的米克斯甚至長大後連毛色都變得和小時候不一樣；那麼就算你當初選的是一隻和你像的混種狗，長大後牠也可能變得和你不像。

所以研究結果發現，只有對於純種狗和牠的主人，我們比較能夠做出正確配對；這恰恰說明了，人們可能是在一開始就選擇了和自己相像的寵物。不過以上這些關於人和寵物相似性的研究，都是用狗做的。目前似乎還沒有人去研究貓和主人的相似性。[89]

此外，上面說的是主人和狗在「外貌」上的相似性，那麼他們在性格上像不像呢？會不會好動的狗的主人比較外向、憂鬱的狗的主人比較陰沉呢？目前並沒有這樣的研究，因為如果要弄清楚這件事，我們得知道狗的性格，可能要：「小

---

87 Nakajima, S. (2013). Dogs and owners resemble each other in the eye region. *Anthrozoös*, 26(4), 551-556.

88 Roy, M. M., & Nicholas, J. C. (2004). Do dogs resemble their owners?. *Psychological Science*, 15(5), 361-363.

89 有另外一種可能性是有人做了這類研究，但是沒有發現相似性，所以關於人貓相似性的論文也就沒有被發表出來。

白，來，填一下這份問卷。填完給你一個點心喔。」而這似乎做不到。由於對狗的性格測量不易，所以我們不容易去研究主人和狗之間性格的相似性。[90]

狗是搭訕神器嗎？

關於寵物還有一種說法是：狗是搭訕神器，帶著狗去把妹的成功率比較高。這是真的嗎？有個研究找了一個帥哥，在公園裡隨機找年輕女子搭訕，並向這些女生要電話號碼。結果發現，當這位帥哥自己一個人時，只有一成女生會給他電話號碼；但是當他帶隻狗在身邊時，大約有三成的女生會給他電話號碼。也就是有狗在身邊，搭訕的成功率是沒有狗時的三倍。[91]

所以說狗是搭訕神器真的不為過。不過這邊要特別注意的是，這個研究是找了一個長相很不錯的男生去搭訕，因為他們認為如果搭訕者不具備一定程度的吸引力，那麼就算有狗也沒有用。[92] 所以用狗把妹這招應該也不是對每個人都管用。

而且狗不只能用來搭訕，牠們也讓你更容易獲得別人的幫助。我們可能曾經在公車站遇到有人說：「不好意思，可不可以借我一點錢坐公車？」然後猶豫著要不要幫助他？懷疑對方會不會是在騙錢？有研究就發現，當人們帶著狗借錢時，成功率比沒帶狗時來得高；而且借到的錢也比較多。所以狗不只是想要把妹的男人的好朋友，還是詐騙集團的好伙伴。

帶隻狗在身邊的確會讓人感覺比較不受威脅。如果我讓你看一個男人在深夜時走在暗巷中的照片，然後問你覺得這個男人帶給你的感覺如何？一般我們會覺得有些威脅感，和這男人一起待在深夜暗巷中應該不太安全。但是如果這人帶

---

90 其實是有人發展測量狗的性格工具的，見 Svartberg, K., & Forkman, B. (2002). Personality traits in the domestic dog (Canis familiaris). *Applied Animal Behaviour Science*, 79(2), 133-155.

91 Guéguen, N., & Ciccotti, S. (2008). Domestic dogs as facilitators in social interaction: An evaluation of helping and courtship behaviors. *Anthrozoös*, 21(4), 339-349.

92 同前註。

著一隻狗，他對你造成的威脅感會立刻降低，我們會覺得這個人好像沒有那麼危險。93

貓能讓人更喜歡你嗎？

雖然狗似乎對我們的人際互動有些幫助，但是貓好像就沒有辦法帶給牠的主人這些好處。有一個研究調查了大約七百個年輕女生，讓她們看一個男生的獨照，或是這男生抱著一隻貓的照片，然後問她們是否會考慮和這男生約會。結果發現男人抱著貓不但沒有加分，還扣分。女生們似乎對抱著貓的男性評價比較差，也比較不願意和這樣的男生約會。她們覺得抱貓的男生可能比較不男性化、比較神經質。不過她們對抱貓男的評價也不全都是負面的，她們覺得抱貓男看起來更好相處。只是這個評價並沒有讓她們更願意和他約會。94

最後，你有沒有注意到，上面說的關於寵物如何影響我們的約會意願，都是女生觀點，也就是這些研究都是在探討女生和一個男人的交往意願，會不會受到那男人養貓或養狗的影響。那男生呢？男生也會因為一個女生養貓或養狗而影響到要不要和她交往嗎？答案是不會。相對於女生，寵物對男生的交往意願影響不大。[95]

你可以回頭看看本書的第九章「男女的差異：演化怎麼讓男女不同」，應該就不難理解了。男人選對象時，最重要的還是顏值、外貌這些外在條件啦。

93 Delgado-Rodríguez, R., Cabrera, P. M., Ordóñez-Pérez, D., & Martos-Montes, R. (2022). Dogs Can Enhance Social Perceptions: The Influence of Dogs on Women's Perceptions of Safety in Emotional Contexts. *Anthrozoös*, 1-16.

94 Kogan, L., & Volsche, S. (2020). Not the cat's meow? The impact of posing with cats on female perceptions of male dateability. *Animals*, 10(6), 1007.

95 伊坂 Gray, P. B., Volsche, S. L., Garcia, J. R., & Fisher, H. E. (2015). The roles of pet dogs and cats in human courtship anddating. *Anthrozoös*, 28(4), 673-683.

那一年陪伴我們的小狗小貓

九把刀有一本小說《那些年，我們一起追的女孩》，曾經拍成電影，就算沒看過，光聽名字就知道這是在寫青澀的愛情故事。但其實在小說中有一段蠻感人的支線故事，一般人可能比較少知道。

故事的主角喜歡上一個女生，每天在女孩家的樓下看著她二樓的房間。那女孩家門口養了一隻白狗，叫作湯姆。因為等待的時間很無聊，男主角沒事就一直對著湯姆自言自語、和牠玩，後來還每天買一隻熱狗去給湯姆。

「夏天快要過去，隨著熱狗一條一條消失，我跟湯姆也越來越要好。每次從李小華家前騎腳踏車離去，我呆呆地看著二樓的脖子仰角，漸漸往下低垂，變成意猶未盡地看著吐著舌頭的湯姆，揮揮手，答應它下次會多陪它一點。」

有一天男主角經過女生家，發現湯姆不見了，它的小狗屋也不見了。那女孩搬家了。「這是怎麼回事？搬家？搬去哪？我手中的熱狗怎麼辦？……我很失落，依舊在她家樓下騎腳踏車來來去去繞個不停，心裡很空，卻不知道自己在空些什麼……我跨著腳踏車，腳一踏，輪子轉動，我如以往回頭，卻沒有看著李小華家。我的視線落在湯姆總是坐著，目送我這個熱狗大亨離開的老位子。『湯姆，你這隻騙吃騙喝的大白狗去哪裡了呢？』」

這個故事很貼切地詮釋了人和寵物之間的關係。不論你是貓派或狗派，當你養了一隻寵物，某種程度也像有個孩子呱呱落地一樣；毛小孩出現在你的生命中，並且在不知不覺中，一點一滴地融入你的人生裡。

96 其實男主角完全搞錯地址，那不是他喜歡的女生的家，但以下就不把故事講得那麼複雜了。

14 面具的真實：為什麼戴口罩時顏值比較高？

她開了門，回頭說：「媽，我要出門了。」

「手機、鑰匙、錢包、還有……光環，別忘了帶。」每次出門媽媽都不忘這樣叮嚀。

空汙越來越嚴重，終於有一天，霧霾遮蔽了日光，即使是白天，走在路上也一定要帶著照明設備。於是人們出門時總會像天使一樣，頭上戴著一個光環。這種光環，已經和手機、錢包、鑰匙一樣，是人們出門時一定要帶的東西了。

等公車時，她仔細觀察著街上人來人往。每個人都戴著一個光環。那邊走來一個人，頭上有金色耀眼的光環，那是教授的光環。另一邊又來了一個雪白奪目的光環，那是醫生的光環。然後，還有各種形形色色的光環，法官黑白交錯的光環、名模 bling bling 的光環……光環不只用來照明，後來更演變成一種身分地位的象徵，那些自認有社會地位的人，總是戴著足以象徵地位的光環。觀察這些光環也成為人們生活中的一種樂趣。

但是這有一個困擾。因為一個人的光環越是耀眼，發出的光越是強大，反而讓人越看不清楚這些光環下的人究竟長什麼樣子，沒人知道光環下人們真實的面貌，因為他們都被光環籠罩著。人們只看得見光環而看不見那個人。

突然，街上一陣騷動，遠方走來一個不知道戴著什麼光環的人。與其說不知道，應該說是看不清那個人的光環。因為那人全身上下散發出一種強大的光芒，耀眼到足以在灰暗中覆蓋住教授、醫生、法官的光環。所有光環在這個人的光芒前都相形失色，人們只能看見這個人本身的光芒，而看不見他到底戴著什麼光環。事實上，就算知道他戴著什麼光環，也不會有人在意了；因為當一個人身上能散發出如此強大的光芒時，誰還會在意他有什麼光環？

「先生，請問你戴著什麼光環？」

「光環？我不需要光環，我自己就能散發光芒。」

這是本書作者在二〇一七年時，一時心血來潮寫的一篇短小說。

那一陣子空氣汙染非常嚴重，每天望出去的天空都是灰茫茫的，有一種末日感；當時覺得會不會有一天我們得戴著照明設備才能出門？然而萬萬沒想到，最後我們戴的不是照明設備，而是口罩。

在這本書出版的前三年開始，口罩成為出門必備的裝備，而人們似乎也逐漸習慣了彼此見面時戴著口罩的日子。

戴口罩讓人變好看了

走在街上，看著戴口罩的人來來去去，你會不會覺得街上的人顏值好像變高了？以前街上的那些「善男信女」，戴了口罩之後似乎都變成「俊男美女」？如果你有這種感覺，也還算是合理，因為看不清楚的臉似乎比完整的臉更好看。

有一個研究呈現四張臉給受試者看，包含「完整的臉」、「模糊的臉」、「遮住三分之一的臉」，以及「比硬幣還小的臉」，然後問他們這些臉的好看程度。

結果發現這四張臉中，人們覺得最不好看的臉，是完整的那張臉。其他不管是模糊的臉、三分之一的臉，或是小到幾乎看不清的臉，都比完整的臉好看。[97] 這印證了「朦朧美」這個說法：看不清楚的時候好像比較美。

所以古代中國人結婚時，新娘頭上會蓋著一塊紅布（叫作紅蓋頭），西方新娘則是有一塊白面紗，現在看起來都很有道理。因為那個時候沒有像現在這麼厲害的化妝術，可以把每個新娘都妝扮得沉魚落雁，直接讓新娘罩上一塊布或面紗比各種化妝術都厲害，因為它是直接用人的「想像力」來妝點新娘。紅蓋頭或白面紗下的新娘容貌會被人們的想像力美化。

而白居易《琵琶行》裡的名句：「千呼萬喚始出來，猶抱琵琶半遮面。」一般人都把它解釋為琵琶女因為害羞，出場時忸忸怩怩，才用琵琶遮住一部分的臉。其實她可能不是害羞，而是心機很重：她在一千多年前就懂得遮臉來讓臉不完整，知道這樣會讓自己看起來比較正。

我們在腦補

為什麼不完整的臉反而比較好看呢？目前並沒有確切證據可以說明這個現象。一個可能的原因是「腦補」，也就是當我們看到不完整的臉時，我們會自行去補足剩下的臉。

「在心理學面裡的一些研究發現，人們用會符合自己知覺的方式去處訊理息」……等等，你有沒有發現前面引號內這句話不太對，你仔細重讀一次引號內的句子，就會發現它裡面有些字詞的順序是錯亂的（請仔細重讀一次看看）。但是你第一次閱讀時，可能不覺得有問題，順順地就讀過去了。

那是因為人腦還蠻厲害的，我們會自動去對一些不足的訊息做修補，就像你

97 Orghian, D., & Hidalgo, C. A. (2020). Humans judge faces in incomplete photographs as physically more attractive. *Scientific Reports*, 10(1), 110.

剛才把有問題的字詞修補成你期望的樣子。「腦補」就是類似這樣的修補歷程。

同樣地，當你看到不完整或不清晰的臉時，你會自行修補這張臉。怎麼補呢？由於我們比較喜歡俊男美女，所以當看到不完整或不清晰的臉時，我們更傾向於補上漂亮的樣子，而不是醜的樣子。

有一種叫作「背影殺手」的說法，也是類似這樣。很多女生單看她的背影時會覺得很漂亮，看到正面後則會有些失望，這也是一種腦補。照理說，我們只看到背影，沒有理由覺得一個人漂亮，但是我們卻產生了「這女生好像很漂亮」的感覺，這是因為我們不自覺地根據一個人的背影，補上了漂亮的正面。

腦補只對人臉有用

有一個研究可以說明腦補這個現象。研究者做了一個和前面那個研究類似的實驗，但是改讓受試者看狗的臉——這些心理學家實在很有創意。他們讓受試者看清晰的狗臉和模糊的狗臉，如圖 14-1（這邊我私心用上了我家小狗顏舒姬的照片）。然後問受試者哪一張照片好看。雖然我家小狗在我眼中，怎麼樣都好看，但你可以自己看看圖 14-1 的照片，你覺得哪一張比較好看呢？答案應該很明顯，我們通常會覺得清晰的狗臉比較好看。

為什麼之前用人臉的照片時，我們會覺得「朦朧美」好看，但用狗臉時反而是清晰的臉比較好看？這也可能和腦補有關——我們對人的臉能夠做腦補，但是對狗的臉不太能做腦補；我們很清楚怎樣的人臉特徵算是好看的，但是不知道怎樣的狗臉才叫好看。

一隻狗要怎樣才叫「眉清目秀」？當一隻狗

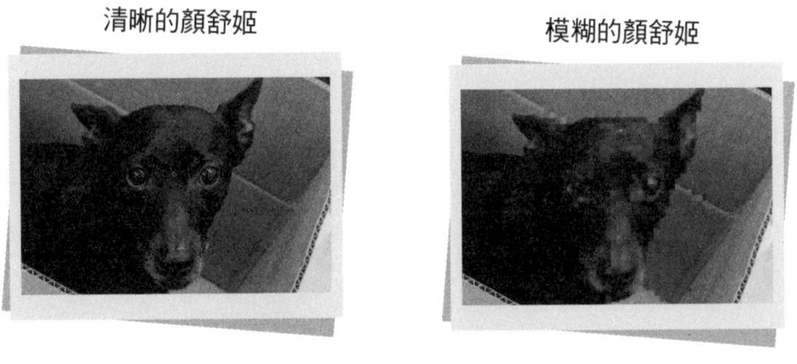

圖 14-1 清晰與模糊的狗臉

對著你張嘴吐舌時，怎樣才算「唇紅齒白」？你根本就沒注意過這件事。你會說這隻狗很可愛，但絕不會說這隻狗的「臉」很好看。事實上，別說分不出狗的臉好不好看，當一群白色的小狗聚在一起時，你連他們哪裡長得不一樣可能都搞不清楚。你就統一叫他們小白（在此向本書功臣，Podcast「超直白心理學」的主持人小白致敬……）。所以，我們對狗臉的特徵很不熟，不太能對模糊的狗臉做腦補。由於無法做腦補，因此我們會覺得清晰的狗臉比模糊的好看。

其實不只是對狗，研究也發現我們對風景、對花朵也一樣，都會認為清晰的圖像比模糊的好看。只有對人臉會有「朦朧美」、「不完整美」這種特殊的知覺現象。所以人臉對我們來說很特別。

顏值很重要

既然我們對人臉有「不完整美」這種特殊的知覺現象，那以後大家戴口罩過日子就好了啊。就像網路上有人流傳，有些日本和韓國的女生從來不卸妝，甚至誇張到連丈夫都沒看過妻子素顏的樣子（這應該只是誇張的說法，不能太當真）。所以我們也可以盡量戴著口罩，來維持在別人眼中俊男美女的形象。雖然這個點子不錯，但是李組長眉頭一皺發現事情並不單純。[98] 因為這還要考慮你本身的顏值問題。

這其實也很容易想像，如果今天金城武站在你面前，你會想要看他的全臉，還是看他戴口罩的樣子？當然是全臉了，把那種帥到像外星人的臉遮起來太可惜了吧。但是如果今天是本書作者站在你面前呢……可能戴口罩會好一些。這說明了一件事，戴口罩所形成的知覺效果，對不同顏值的人來說是不一樣的。

有人去研究人們對女生戴口罩後長相的知覺。在還沒做實驗時，他們先問受

98 這是台灣一九九〇年代的情境電視劇《藍色蜘蛛網》、《玫瑰瞳鈴眼》中的經典旁白，後來成為一個梗。本書作者真的有點年紀。

試者，覺得女生戴口罩會變好看還是不好看？結果多數人都覺得應該會變好看，這和我們的生活經驗和想法是一致的，我們普遍覺得戴了口罩會讓人比較好看。但是當真的讓人們去評戴口罩的女生照片時，卻發現沒那麼簡單；一個本來長得不好看的女生，戴口罩後的確有加分，可以讓人們覺得她比較好看；但是對本來就長得好看的女生，戴口罩不但沒有加分，還會扣分。人們會覺得一個美女戴口罩之後變得沒那麼漂亮了。[99]

所以，戴口罩的效果和一個人本來的顏值有關。如果你長得像金城武、林志玲，那麼活在常常要戴口罩的時代中真的比較吃虧，很糟蹋你天生的顏值；而如果你對自己的長相不算有信心，那麼口罩可能可以幫你加分。上天是公平的，就算沒有顏值罩著我們，但至少有口罩「罩」著我們。而這個研究可能也突顯出一個殘忍的事實——這世上俊男美女是稀有的，也因為多數人不是俊男美女，因此口罩才能加分讓這世界變美。

你戴口罩，我怎麼知道你在生氣？

口罩除了影響顏值之外，它也讓我們更難辨識別人的情緒。有一個研究用類似「刮刮樂」的方式，去研究「遮蔽」對情緒辨識的影響。它先把一些有喜怒哀樂表情的人臉遮蔽起來，然後一點一點地讓遮蔽消失，人臉慢慢顯露出來，就像我們在玩刮刮樂時，慢慢地去刮出有沒有中獎一樣。研究想要知道，我們要讓人臉露出多少才能正確看出那張臉的情緒？答案是，重點不是露出多少，而是露出的部位是哪裡。

就像你在刮彩券時，不一定要刮很多也能知道自己有沒有中獎，如果刮到「銘」這個字就可以把它丟了，因為這是「銘謝惠顧」的意思。同樣地，人臉不

---

99 Kamatani, M., Ito, M., Miyazaki, Y., & Kawahara, J. I. (2021). Effects of masks worn to protect against COVID-19 on the perception of facial attractiveness. *i-Perception*, 12(3), 20416695211027920. 作者在二〇一六年有另一篇研究發現，此單純效果只作用在高顏值的人身上，低顏值者沒有此效果。

一定要露出很多，當露出的部分是「眼睛」或「嘴巴」時，受試者就能快速而正確地判斷出那張臉的情緒。反之，如果露出的是臉的其他部分，人們就不太能判斷情緒。[100]

其實我們只要想一想社交軟體上常使用的表情符號就可以理解，一個表情符號怎麼讓人覺得是笑、是哭、是驚訝？最主要也是靠眼睛和嘴巴的形狀，例如，(^ ^)是笑、(>_<)是生氣。所以眼睛和嘴巴是我們判斷一個人情緒很重要的線索。

既然眼睛和嘴巴對我們判斷別人的情緒很重要，而戴口罩會遮蔽住嘴巴，只剩下眼睛，這相當於把我們用來判斷情緒的線索拿掉了二分之一，所以我們對戴口罩的人的情緒判斷力自然就降低了。就像名偵探柯南需要兩個線索才能找出凶手是誰，現在只拿到一個線索，他就很難破案，在猜凶手時也可能會猜錯。

過去研究也的確發現，對於戴口罩的人，我們對他們的情緒判斷的正確性會比較低。[101] 所以和戴口罩的人出門逛街要小心，有可能你身邊的伴侶已經在生氣了你還不知道；或是爸媽已經被小孩煩得受不了了，小孩還在那邊白目的鬧，回家後被修理一頓。

口罩使得我們在日常互動中，對情緒要花更多力氣去解讀，也比較容易在溝通時造成誤會。難怪自從大家戴著口罩生活後，本書作者就覺得自己好像變帥了，常常會有女生「眉目傳情」表達好感……聽我這樣說，你是不是覺得很(￢_￢)。

口罩拉近了人的距離

最後，在口罩成為一種日常的日子裡，這世界改變得比我們想像中的大。有

100 Wegrzyn, M., Vogt, M., Kireclioglu, B., Schneider, J., & Kissler, J. (2017). Mapping the emotional face. How individual face parts contribute to successful emotion recognition. *PloS ONE*, 12(5), e0177239.

101 Carbon, C. C. (2020). Wearing face masks strongly confuses counterparts in reading emotions. *Frontiers in Psychology*, 11, 566886.

一次學生跟我說，他們從入學到現在，有些同學的全臉幾乎沒看過。我聽了嚇了一跳，因為以前從來沒想過會有在同一個班級生活了三年，卻從來沒看過同學完整的臉這種事。但仔細想想，這非常合理，只是我們還沒習慣它。

事實上，我們可能多少有過一些經驗是，一個已經互動很多次的人，第一次摘下口罩時他的容貌讓你楞了一下，因為他的長相和你想像的很不一樣；然後你才發現雖然彼此認識一陣子了，但這是你第一次看到他的全臉。

類似這樣的經驗會讓我們感受到，人與人之間似乎變疏遠了。但是其實剛好相反，口罩可能讓人與人之間距離變近了。有一個研究發現，比起沒有戴口罩，當戴著口罩時人們會比較願意更靠近彼此一些，因為大家覺得口罩保護了自己，於是可以和別人再靠近一些。[102]

因此，口罩除了改變顏值之外，也帶給了我們安全感，讓人與人之間的關係不至於因為疫病而完全疏離。所以出門時「手機、鑰匙、錢包、還有……口罩，別忘了帶。」

102 Luckman, A., Zeitoun, H., Isoni, A., Loomes, G., Vlaev, I., Powdthavee, N., & Read, D. (2021). Risk compensation during COVID-19: The impact of face mask usage on social distancing. *Journal of Experimental Psychology: Applied*, 27(4), 722.

15 髒話的藝術：人為什麼講髒話？

台灣在一八九五到一九四五年之間，有長達五十一年的時間被日本殖民。眾所皆知，日本人的個性嚴謹，做事情一板一眼。於是在殖民期間日本人留下了很多對台灣的研究紀錄，成為日後研究台灣歷史、人文及自然風貌的重要文獻。其中一本犖犖大者是片岡巖所寫的《台灣風俗誌》[103]。這本書共一千一百八十四頁，裡面細數了台灣當時的生活起居和社會風俗，範圍之廣令人咋舌。

例如，它有一章介紹「台灣乞丐」，其中就列出了當時的十種乞丐，包含一些聽來特別的乞食方式，如「其狗蹈對」、「破額乞食」、「擋胸乞食」等。可見當時乞丐人數不少，而且乞討方式五花八門到足以做出這樣的分類。

另一章寫到「台灣人的雜業」，裡面總共介紹了當時三十一種雜業，其中包

103 片岡巖（1921）。臺灣風俗誌。臺灣日日新報社。

含我們現在難以想的一些工作，如「拾豬屎」、「拾牛屎」、「釣水蛙」等（當時人們的生活真的很辛苦）。

《台灣風俗誌》這本書另一個有趣的地方是，它列舉出當時台灣人講的髒話。有些和我們現在所講的相近。如「姦爾老母」（以下「姦爾」二字以XX替代，避免閱讀的不舒適）、「XX小妹」、「XX大姊」、「XX牽手」、「XX祖媽」、「XX太媽」；等於是家族中的女性下至姐妹、上至太祖母都被當作髒話在罵。

後來可能覺得罵到太祖母還不夠，乾脆直接罵人家最原始的那個祖宗「XX開基祖」。這如果以華人來比喻，相當於在罵「XX黃帝」、「XX神農氏」之類的。後來覺得罵到人家的開山始祖還不夠，直接罵人家的神明：「XX大聖王」。大聖王指的是漳州人信奉的神明開漳聖王，早期台灣泉、漳二族惡鬥，泉州人不爽漳州人就罵他們的神明大聖王。這也真的是一絕。

此外還有一句最長的髒話，真的應該去申請金氏世界紀錄，長達三十二個字：「猫仔猫比巴放屎糊蚊帳蚊帳洗無清氣捕猫仔去破戲破無天光捕猫仔使肛尻。」《台灣風俗誌》的註解說這是在罵人「夭壽」的意思，本書作者很認真地上網研究這一長串咒語為什麼是罵人夭壽，但似乎沒有人能給出好答案。

總之，上面這些無奇不有的髒話顯示了一件事，台灣人真的很會罵；如果髒話可以是一種產業，那麼台灣的髒話應該會和台積電一樣傲視全球，成為另一座護國神山。

誰愛講髒話

《台灣風俗誌》列舉的髒話很多都和女性有關，如「XX小妹」、「XX大姊」、「XX牽手」、「XX老母」等；這些髒話如果換成由女生來罵，應該會轉換成「XX小弟」、「XX大哥」、「XX老公」、「XX老父」。但是在我們的日常生活中，並沒有這種從女性角度出發的髒話，這表示女人比較少講髒話，所以在語言演進的過程中就沒有產生這類型的髒話。而一些研究也的確發現，男人比女人更常講髒話。這和我們社會文化對兩性的角色期待有關，畢竟社會還是期望女性溫柔婉約一些，男人則是粗野一些社會也還能容忍。

除了性別差異之外，研究也發現某些職業的人比較常講髒話，如勞工、軍人、警察、運動員、船員等。這其實原因也很單純，因為這些都是以男性為主的職業，而既然男人更常講髒話，那麼自然這些職業的人也比較常講髒話。所以這應該也只是反映了講髒話的性別差異而已。

此外，一般來說，社經地位低、教育程度低的人，更常講髒話。這有可能是因為這些人屬於社會上的弱勢，他們比較沒有發言權，所以有時就必須用更強烈的方式去溝通表達。由於他們處在社會的較底層，就像電梯已經到B3了，沒辦法再下去了，所以就算這個社會討厭講髒話的人，在B3的人也不必擔心因為講髒話而再失去什麼，因為他們沒有下一層了。而社經地位高的人可能在五樓，講髒話招人怨可能會讓他從五樓降到下面的樓層，也就是社經地位高的人比較有可能因為講髒話而失去什麼，所以社經地位高的人相對上更不會去講髒話。[104]

因此以大學老師來說，就算上課時學生在睡覺、滑手機，看了實在很不爽，老師也還不致於罵學生三字經。但如果是黑道大哥在講話，小弟在下面滑手機、打瞌睡，「ＸＸ老母」可能就噴過去了。

另外學生也是相對上比較愛講髒話的族群。有一個研究記錄了五十二個美國大學生為期四天的生活對話，發現大學生講髒話的頻率大約是〇．五％；這代表每講二百字會出現一個和髒話有關的字。這聽起來好像還好，但是如果跟其他日常生活中常說的話做比較，就會發現這比例其實不低。

例如，人們生活中很常講的字：「我、我的」的出現頻率大約是七％，所以等於是學生每講十四次「我、我的」，就會出現一個髒字。[105]所以現在當老師

104 Stapleton, K., Fägersten, K. B., Stephens, R., & Loveday, C. (2022). The power of swearing: What we know and what we don't. *Lingua*, 277, 103406.

不容易，都要小心教得不好被學生譙。有時我也覺得奇怪，我明明姓顏，為什麼學生卻叫我「林老師」……。

不戰而屈人之兵

照理說髒話是不好的，沒有人會在你講髒話時讚美你說：「罵得好、再多罵幾句、我愛聽。」但是它似乎又在我們生活中很常出現。為什麼呢？

有一個說法認為這算是一種自我保護機制。多數的動物在要攻擊前都會先發出嘶吼、咆哮，警告對方牠要採取攻擊了。照理說這是很不利的，因為偷偷摸摸、不動聲色地過去咬對方一口會是更有利的策略。既然如此，為什麼攻擊前還要讓對方知道？

原因就是為了避戰。如果預先發出警告，讓對方感到害怕、使牠退讓或逃走，那麼這場架就不用打了，這對生存是最有利的。畢竟戰鬥是危險的，不能保證自己一定能獲勝，就算獲勝了在戰鬥過程中自己也會非常費力，或是可能會受到傷害，所以能不打最好不要打。

人類在演化過程中，也學會了這種道理，所以《孫子兵法》說：「上兵伐謀……其下攻城。攻城之法，為不得已。」非不得已，最好是不要和對方打起來。但是要嚇退對方需要很強力有效的語言，不能太過溫和，而髒話就是一種強力的語言。

關於這種演化觀點只是一種推測，但某種程度我們可以發現多數髒話似乎都帶有重音。例如「幹」，或是像英文的 Fuck 都是四聲。而有些話本來不是重音，但改用重音去強化它就可以變成髒話。像是「操」本來是一聲，但轉四聲就變成髒話了。這可能都和講髒話時要快速傳遞出強大的情緒有關，重音能強化語言的

105 Mehl, M. R., & Pennebaker, J. W. (2003). The sounds of social life: a psychometric analysis of students' daily social environments and natural conversations. *Journal of Personality and Social Psychology*, 84(4), 857-870.

力量，讓對方知道你正處於一種非常不爽的狀態。這樣才有機會嚇退敵人，避免戰鬥。

立法院是台灣之光

有一個關於髒話的研究曾經得過「搞笑諾貝爾獎」（Ig Nobel Prize）——這不是在搞笑，是真的有這個獎。這個獎大約每年九月在哈佛大學舉行頒獎典禮，而評審委員裡有時還包含一些真正的諾貝爾獎得主。這個獎主要是頒給有點幽默好笑，但是也具有一些獨創思維的研究。

二〇二二年的搞笑諾貝爾物理學獎頒給了一個研究：為何小鴨游泳時要編隊？[106] 這個研究根據流體力學分析指出，編隊游泳很省力，所以小鴨們游泳時才會編隊；而且這個作者還叫作 Fish（魚），難怪他很注意這件事，因為隨時有被小鴨吃掉的危險。

有時搞笑諾貝爾獎也會帶有一些諷刺意味，其實台灣人早在一九九五年就得過獎了，而且是「和平獎」。原因是因為當時台灣立法院上演全武行實在太精采，多次登上國際媒體。搞笑諾貝爾獎的評審覺得這些政治人物真的好和平，他們沒有發動戰爭，只靠在立法院上打架來謀個人利益，堪稱和平典範，就把和平獎頒給台灣立法院。總之，搞笑諾貝爾獎每年都會頒發給一些有趣的研究或現象，你可以上網搜尋看看，會發現科學研究真的無奇不有。

髒話讓你「疾疾，護法現身」

而獲得搞笑諾貝爾獎的髒話研究，是在研究髒話能不能讓我們「神功護體、

106 Fish, F. E. (1994). Energy Conservation by Formation Swimming - Metabolic Evidence From Ducklings. *Mechanics and Physiology of Animal Swimming*, 193-229. Retrieved from http://digitalcommons.wcupa.edu/bio_facpub/6

刀槍不入」——講髒話能不能讓我們更耐得住痛。據說這個研究是研究者在陪老婆生產時想到的；很多人都說女人生產很痛，而他也發現生產時他老婆一直在罵髒話（顯然是對著他這個始作俑者罵的）。所以他想，難道髒話和普拿疼一樣可以鎮熱止痛嗎？

這個研究之所以得到搞笑諾貝爾獎，除了主題有趣外，它的研究方法也很有趣。他把受試者分成兩組，一組人叫他們罵髒話，像是「幹」；另一組人叫他們大聲喊某個中性的字詞。那麼，什麼是中性的字詞呢？研究者請受試者想一個形容詞來描述桌子，如果受試者用「方的」來描述桌子，那麼就用「方的」這個詞來代表中性詞。於是在實驗中，你就會看到有人在那邊大聲喊「方的、方的、方的……」，而另外則有一些人是在大聲喊「幹、幹、幹……」。想像起來很滑稽好笑，但這真的是一個科學實驗。107

透過這種實驗方式，研究者想看看兩組人忍痛的能力有沒有不同。他叫受試者把手放入五度的冰水中，看他們能撐多久。結果發現髒話和《哈利波特》裡的那句咒語「疾疾，護法現身」有相同效果，罵髒話那組比起喊中性字詞的那組撐得更久，罵髒話大約可以增加人們三〇%的忍受力。[108] 也就是如果你本來可以在冰水中撐一百秒，罵髒話可以讓你多撐三十秒。

髒話讓你變得很「夠力」

髒話除了有「疾疾，護法現身」的忍痛效果外，它也像一種能增強力量的咒語。有一些研究發現罵髒話會影響我們的自主神經系統——這是人體用來調節呼吸、心跳、血液流動的系統，也是在發生緊急情況時，暫時激發人體能量去應付

107 Stephens, R., Atkins, J., & Kingston, A. (2009). Swearing as a response to pain. *Neuroreport*, 20(12), 1056-1060.

108 Stephens, R., & Robertson, O. (2020). Swearing as a response to pain: Assessing hypoalgesic effects of novel "swear" words. *Frontiers in Psychology*, 11, 723.。

危險的機制。而研究發現，人們在罵髒話時，心跳會加快、皮膚的電阻反應會改變。[109]

有一個研究去探討：在運動時一邊喊中性的字詞或一邊罵髒話，表現會不會有差異。他們測量受試者在握力器上的力量，結果發現人們罵髒話時的握力真的比較厲害。一邊罵髒話的人使出來的力量，比大聲喊中性字詞的人多了大約二．五公斤的握力。此外他們叫受試者懸空在椅子上，只靠雙手去支撐身體的重量，也發現一邊罵髒話的人可以撐得比較久。[110]

也就是說，髒話似乎真的可以讓人變得「夠力」。所以某種程度來說，髒話的效果很像提神飲料，具有保力達B那句廣句詞：「明仔載的氣力，今仔日給你傳便便」的作用。

三國武將作戰很科學

其實類似上面那種罵髒話能提升運動表現的現象，我們應該並不陌生。當班上要去參加運動比賽前，老師或教練會帶著學生用力喊「加油、加油、加油。」而有些運動員要上場時，會大聲怒吼提升自己的士氣。這些舉動都和罵髒話有些類似，它們除了在心理上能提升士氣之外，可能也具有激發自主神經系統、暫時提升身體能量的作用。

目前似乎還沒有人去比較像「加油」這種正能量的喊聲和罵髒話，哪一個威力比較強大，不過想像中罵髒話可能厲害一些。因為「加油」是對著自己講的，

---

109 Stapleton, K., Fägersten, K. B., Stephens, R., & Loveday, C. (2022). The power of swearing: What we know and what we don't. *Lingua*, 277, 103406.

110 Stephens, R., Dowber, H., Barrie, A. Almeida, S., & Atkins, K. (2022). Effect of swearing on strength: Disinhibition as a potential mediator. *Quarterly Journal of Experimental Psychology*, 17470218221082657.

並沒有強烈提醒有敵人這件事；而髒話通常有明確的叫罵對象，它提醒我們這是一個有敵人的戰鬥情境，所以更可能提升戰鬥力。

也難怪《三國演義》中常常有武將到人家城門下叫罵的劇情，其中的佼佼者諸葛亮還罵死了魏軍的謀士王朗。雖然演義中多數的叫罵都是為了逼守將出戰，或是挫敵軍銳氣；但是從以上研究可見，這些叫罵也帶有提升我方戰力的作用。《三國演義》中的作戰方式其實還蠻科學的。

不過這邊還有一件值得注意的事，研究也發現，用自己擅長的語言來罵才會夠力。[111]所以如果你是台語溜的人用台語罵比較好；如果你是華人，罵「幹」會比罵Fuck好。諸葛亮當時罵死王朗時一定帶著山東腔，因為他是徐州琅琊陽都人（位於現今山東臨沂市）。

自己人我才這樣說

從以上關於髒話的一些心理學研究，你可以發現多數都是講髒話的正面效果，像是它可以不戰而屈人之兵、讓人更能忍受痛苦，甚至強健體魄、增加力量。感覺髒話根本是居家旅行必備的良藥，人人應該隨時開講。

不過髒話也有可能帶來負面影響，包含讓人觀感不佳，或是讓本來的小衝突演變成更激烈的大亂鬥。只是它的負面效果因為很明顯，似乎無需多說，心理學就比較少特別去研究它。所以請千萬別在讀完本章後開始用力講髒話。

最後，很多時候髒話並沒有特別惡意，它只是一個口頭禪，或是為了拉近彼此關係的一種語助詞，所以也有一些研究認為髒話可以促進團體的凝聚力。有一

---

111 Stapleton, K., Fägersten, K. B., Stephens, R., & Loveday, C. (2022). The power of swearing: What we know and what we don't. *Lingua*, 277, 103406.

個研究記錄了一間工廠員工三十五個小時的對話，發現當同一個工作小組的人聚在一起的時候，人們更常講髒話；如果有別的小組的人在場時，人們講髒話的頻率會降低。[112]

也就是說，只有在自己人面前，大家才會覺得講髒話沒關係。那種感覺大約是：「我是因為把你當作自己人，才滿口髒話的啊。」寫到這邊，我突然覺得每位買了這本書的讀者，包含正在閱讀的你，都是我的衣食父母，尤其是耐心讀到這最後一頁的讀者，你們都像我的自己人。所以我不禁想說：「靠，這本書寫得真好。」

112 Daly, N., Holmes, J., Newton, J., & Stubbe, M. (2004). Expletives as solidarity signals in FTAs on the factory floor. *Journal of Pragmatics*, 36(5), 945-964.

國家圖書館出版品預行編目(CIP)資料

超直白心理學：顛覆你對人心的想像 / 顏志龍著 . -- 初版 . -- 臺北市：遠流出版事業股份有限公司，2023.09
面；　公分

ISBN 978-626-361-196-2(平裝)

1.CST: 心理學 2.CST: 通俗作品

170　　112011618

超直白心理學：顛覆你對人心的想像

作　　者——顏志龍
主　　編——周明怡
封面設計——兒日設計
內頁排版——平衡點設計

發 行 人——王榮文
出版發行——遠流出版事業股份有限公司
104005 台北市中山北路一段 11 號 13 樓
郵政劃撥／0189456-1
電話／02-2571-0297・傳真／02-2571-0197
著作權顧問——蕭雄淋律師

2023 年 9 月 1 日　初版一刷
售價新台幣 350 元（缺頁或破損的書，請寄回更換）

遠流博識網　http://www.ylib.com　e-mail:ylib@ylib.com